AF311191

MÉMOIRE

EXTRAIT

DU JOURNAL D'OBSERVATIONS

FAITES PENDANT L'ANNÉE 1792,

Dans les Armées françoises du Nord, du Centre et des Ardennes,

Par P. C. GORCY, ex-Médecin en chef des Armées, Professeur à l'Hôpital militaire d'instruction de Metz, de la Société de Médecine de Paris, de celles d'Agriculture des départemens de la Seine et de la Meurthe.

Magis mihi curæ est bonum practicum agere, quàm in scholis de omnibus morbis, eorumque curis otiosè disputantem et Medicum in chartâ superbè agentem. Boutius, Med. ind. C. IX., de Hydrope.

A METZ,

DE L'IMPRIMERIE DE COLLIGNON.

AN VIII.

AVANT-PROPOS.

Tout ce qui concerne la santé et les maladies des militaires fait depuis vingt ans ma principale étude. Porté par des circonstances particulières vers la médecine militaire, je m'apperçus de bonne heure que quoique le fonds de la théorie et de la pratique de l'art de guérir fut le même pour le citadin, comme pour l'homme de guerre, il se trouvoit néanmoins une grande différence entre eux, soit dans l'intensité et le caractère des mêmes maladies, soit dans l'application des moyens curatifs, soit par rapport à la prescription des règles d'hygiène qu'exige leurs différens genres de vie.

Ces différences étoient très-sensibles pour moi, par la comparaison des traitemens que j'étois à même d'observer à l'hôpital militaire de Metz et ceux que je voyois en ville. Les mêmes maladies avoient à la vérité le même caractère distinctif, mais elles portoient une autre physionomie, et une uniformité de traitemens ne pouvoit convenir aux uns et aux autres. On devoit avoir égard à la force et à la constitution du malade, qu'on pouvoit calculer sur la manière de vivre précédente, sur l'âge et les fatigues ou sur les débauches auxquelles il pouvoit s'être livré. Il falloit beaucoup de tact de la part des médecins militaires que je suivois pour apprécier ces différentes distinctions des sujets, dans le court moment qu'ils peuvent donner à un malade, pendant le temps circonscrit de leurs visites. Heureusement que ni les occasions, ni les exemples ne m'ont manqué.

Mais les variétés que j'observois, me faisoient juger qu'il devoit s'en trouver encore davantage entre les maladies du soldat en garnison et celles

auxquelles doivent l'exposer les travaux , les fatigues du métier de la
guerre , et le régime de vivre qu'il est
forcé d'adopter en campagne. Rien en
effet ne se ressemble moins que la manière de vivre du soldat en temps de
paix, et celle que les circonstances lui
commandent en présence de l'ennemi.

Dans les garnisons, le militaire mène
la vie la moins occupée. Tout est me-
suré et compassé pour lui. L'heure
des repas , celui du repos et du réveil,
celui de la manœuvre dans la courte
saison où elle avoit lieu, étoient pres-
crits par l'uniformité. La quantité et
jusqu'à un certain point la qualité des
alimens et des boissons , quelques excès de temps en temps excepté, étoient
les mêmes dans un temps que dans
un autre. Au lieu de l'endurcir par le
travail, de l'égayer par différens jeux
de gymnastique convenables au temps
et aux saisons, de l'habituer aux intempéries de l'air, et aux variations

des alimens, de le rendre adroit et
souple par des exercices, soit de la
marche, soit de la course, soit de la
natation, enfin au lieu d'en faire un
homme robuste, exercé aux différens
arts de première nécessité et qui lui
seroient si utiles en temps de guerre,
il sembloit qu'autrefois on eût cherché tous les moyens de l'amollir, d'é-
touffer son industrie, et de le mettre,
lorsqu'il auroit fini le temps de son
engagement, hors d'état de faire d'autre métier que celui de soldat. Pourvu
qu'il parût bien dans une parade, que
sa tenue fût propre, qu'il eût les mouvemens prompts en manœuvrant, voilà
tout ce qu'on exigeoit de lui. Pour celui
qui savoit faire l'exercice, la plus grande partie de l'automne, de l'hiver et
du printemps se passoit sans occupation, excepté les jours où ils montoient
la garde, et ce qui prouvoit leur mol-
lesse et leur incapacité à soutenir la
fatigue, c'est qu'ils se plaignoient beau-

coup, et même qu'ils tomboient malades, lorsque ces jours de garde revenoient trop souvent, par exemple, chaque cinq ou six jours. C'est bien d'eux que Lucien auroit pu dire « quelle apparence de les mener au combat, que pour vivre ils ont besoin de médecins, comment pourroient-ils supporter les durs travaux de la guerre (1) ? »

Voilà la véritable cause de l'énorme mortalité des armées françoises qui entrent en campagne, et qui est telle qu'on peut dire qu'il meurt presque plus de monde aux hôpitaux dans la première année de la guerre, que dans les dix autres qui suivent, et je crois que cette assertion seroit absolument vraie, si on n'avoit pas besoin d'entretenir l'armée par de nouvelles recrues. Les relevés que j'ai faits des mouvemens journaliers des hôpitaux des différentes armées pendant que j'en étois le médecin en chef,

____

(1) Le Parasite, trad. d'Ablancourt, p. 154.

m'ont mis à même de m'en convaincre. Je ne publierai pas le résulsat de ce travail, quoiqu'il soit curieux et très-propre à prouver l'utilité des soins bien dirigés et la nécessité de ne confier la vie et la santé de nos frères d'armes, qu'à des médecins éclairés ; il montreroit assurément combien la présence d'un seul homme met de différence dans la mortalité d'un hôpital.

C'est donc au passage subit de l'inaction à la vie la plus active et la plus troublée, et de l'uniformité au désordre et à l'agitation continuelle, de la frugalité et de la sobriété habituelles, à l'intempérance et à la débauche, ou souvent à l'extrême pénurie ; enfin de la régularité la plus monotone, aux excès de tous genres, et aux passions (1) fortes, qu'on doit

____

(1) Les passions tristes de l'ame causent plus de maladies que les passions les plus violentes, et qui paroissent troubler bien davantage le

attribuer les maladies qui se manifestent et qui ravagent plus que l'ennemi, les plus belles armées.

A peine la trompette guerrière a-t-elle donné le signal des combats, que le soldat est arraché de sa vie oisive et apathique, pour être lancé dans une carrière où le repos et l'aisance sont bannis. Il va être exposé aux marches forcées, à la vie active des camps, à pourvoir à ses besoins pendant le jour, aux alarmes pendant la nuit ; il faut qu'il s'habitue à supporter les ardeurs du soleil et les fraîcheurs de la nuit, les vents froids ou brûlans,

---

physique et le moral du soldat. Les armées françoises sur-tout ne fournissent jamais plus de malades aux hôpitaux, et qui aient de plus graves maladies, que dans les revers qu'elles éprouvent. De bons généraux, en qui le soldat ait une grande confiance, qui le rendent victorieux, sont les meilleurs préservatifs de ces maladies. L'inaction et le découragement, voilà les deux sources les plus fécondes des pertes des armées.

la pluie, la neige , la grêle, les tem-
pêtes comme les longs calmes , plus
perfides qu'elles ; tantôt il souffre du
froid , de l'humidité, de la chaleur,
de la sécheresse, et de leurs fréquentes alternatives; tantôt il dort la nuit
à leur influence , en plein air ou à
peine abrité par des fentes ou par des
barraques à demi − enterrées , couché sur un peu de paille et souvent sur
la terre nue et humide , ne pouvant
quelquefois et pendant plusieurs jours ,
se procurer ni alimens chauds, ni boissons fortifiantes pour se restaurer, ni
linge blanc , ni habillemens secs , pour
se préserver des intempéries et des inconvéniens de la mal−propreté. Privé
de viande fraîche, de pain bien con-
ditionné et savoureux , n'ayant pour se
désaltérer que de l'eau croupie et salie
par l'abord continuel et la négligence
de ceux qui viennent la puiser ; placé
pendant des journées entières , dans des
positions où il ne lui est pas permis

d'en changer, et manquant même de
la nourriture la plus ordinaire ; forcé
de faire usage de viandes salées, fu-
mées et souvent mal conservées, et
même d'alimens inusités, et que la faim
seule la plus pressante peut faire supporter ; ou mangeant tout ce qui se
présente à sa portée et que son im-
prévoyance et peut-être la longue pri-
vation lui fait trouver bon. Tantôt res-
pirant un air vif et léger sur le sommet des montagnes, tantôt l'air épais
et lourd des villes ou des vallons qui
se trouve bientôt corrompu par une
grande masse d'hommes, quand il n'est
pas renouvelé par des vents salutai-
res, tantôt dans une activité continuelle et de corps et d'esprit, tantôt dans
l'inaction et l'engourdissement, passant
une partie du jour et de la nuit à dor-
mir ou à être couché dans sa tente,
et tantôt tourmenté dans son sommeil,
par des alertes continuelles, se levant
tout suant et encore endormi, pour

aller prendre une position devant l'ennemi, et y rester sans mouvement ; abandonné aux privations les plus pénibles, et tantôt se livrant à tous les genres d'excès que la cupidité vient lui offrir et que l'insouciance permet.

Qui pourroit douter que ces changemens subits, ces alternatives si multipliées, ne soient les vraies sources des maladies fréquentes et dangereuses qui règnent sur le soldat au commencement de la guerre, et qui malgré les soins les plus éclairés, déciment pourtant les armées ?

J'avois fait ces réflexions, et malgré le désir que j'éprouvai de m'instruire et de connoître tout ce qui a rapport aux maladies et à la santé du militaire, je n'en étois pourtant pas venu au point de désirer le fléau de la guerre, pour voir par moi-même, et comparer avec la réalité, les descriptions de ses maladies que j'ai lues et étudiées dans les histoires qu'en ont fait plusieurs médecins célèbres. Si je ne souhaitois pas de voir arriver les maux qui pouvoient me donner cette triste expérience, je n'étois pas moins résolu de profiter de la première occasion pour l'acquérir. Elle ne se fit pas attendre bien long-temps. La guerre éclata en 1792 (v. st.) entre la France et l'Autriche, et bientôt avec toute l'Europe.

Les efforts que les François furent obligés de faire pour établir et faire respecter leur indépendance, leur firent mettre sur pied de nombreuses armées et telles que ce qu'on raconte de celles de Xerxès, ne paroît plus une exagération ; 800,000 hommes au moins divisés en 14 armées, volèrent sur les frontières de leur patrie, pour en défendre l'entrée aux étrangers ligués contre eux.

Les moyens employés par l'art de guérir furent prodigués ; les officiers de santé furent nommés avec profu—

sion, les établissemens destinés à recevoir le militaire hors de combat,
furent élevés en foule de toute part.
L'économie qui ménage les moyens,
la prévoyance qui conserve des ressources, l'ordre qui supplée et entretient l'abondance, n'étoient guères alors
de saison, et l'on se conduisoit assez
généralement comme si l'on n'eût dû
faire qu'une campagne. Il falloit le
fonds inépuisable de la France, pour
que ces abus ne fussent pas dans la
suite très-préjudiciables au service de
santé.

Combien le grand nombre de ces
guerriers rassemblés en armées ne de-
voient-ils pas faire éclorre de faits mé-
morables pour l'art de guérir? Si les his-
toriens ont pu trouver dans leurs ex-
ploits un fonds inépuisable et très-
intéressant pour exercer leur burin,
sans doute que les médecins et les
chirurgiens des armées ont dû y mois-
sonner une ample récolte d'observa-

tions et de remarques importantes et dignes d'être consignées dans les fastes de la science.

Cependant j'ignore jusqu'à présent s'il a paru un ouvrage de quelque importance sur la médecine ou la chirurgie militaire, depuis le commencement de la guerre. Sans doute que les matériaux sont tout prêts, qu'il ne manque aux observateurs que le silence du cabinet pour les rédiger et les mettre en ordre. Peut-être ne leur manque-t-il qu'un peu plus d'encouragement, un peu plus d'espoir de voir leurs peines accueillies, leurs travaux récompensés, leur nom en honneur; peut-être eût-il fallu aussi un point de réunion plus actif et plus encouragé par le gouvernement pour recueillir les observations éparses, les rapprocher, les faire valoir et les présenter de manière à éclairer ou à consolider quelques points de doctrine.

Mais tout cela est encore à faire et

malheureusement rien ne nous fait espérer qu'on puisse faire cesser cet état
asphyxie dans lequel se trouve la
science et ceux qui la cultivent. Comment en effet pourroient-ils se livrer à
l'étude et aux recherches qu'elle exige,
dans le recueillement et la tranquillité d'esprit si nécessaires pour s'en
occuper efficacement, tandis qu'ils sont
sans cesse dans l'incertitude sur leur
sort et sur la conservation de leurs
places (1)?

Ce n'est pas ici le lieu de parler de
tous les obstacles qui s'opposent aux
progrès et au perfectionnement de la
médecine et de la chirurgie militaire.
J'aurai peut-être l'occasion de les exposer plus en détail; mais je dirai pourtant ici que le plus grand de tous, après
l'isolement et le peu d'ensemble qui

____

(1) Voy. notes historiques et critiques sur les
projets et les ordonnances, etc., par le docteur
Coste, inspecteur général du service de santé.

règne dans les travaux de ceux qui cultivent les deux branches de l'art de guérir, le plus grand des obstacles, dis-je, vient de l'instabilité de leurs places, et de l'incertitude de conserver les moyens d'exister et d'entretenir leurs familles. Les officiers de santé sont les soldats de tous les jours, de tous les momens; la douleur et la mort les environnent sans cesse; ils les combattent à chaque instant et sans relâche, et pour prix de leur dévouement, ils doivent s'attendre que quand on parle d'économie et de réforme, c'est toujours par eux que l'on commence; et quand il s'agit d'avantages et de bienfaits, c'est toujours par eux qu'on finit : ni l'art ni les artistes ne méritent sans doute un pareil traitement.

Il s'en suit donc un profond découragement parmi les officiers de santé, et beaucoup d'insouciance sur les progrès de leur art. Si l'espoir de s'enrichir engage le négociant à étendre ses spéculations et le manufacturier à perfectionner ses produits, l'officier de santé, dont les honoraires sont toujours très-modiques, et qui ne voit jamais la fortune en perspective, ne peut être porté à développer ses connoissances, et à reculer les bornes de son art, que par l'espoir de la considération et de l'honneur. Anéantissez ces motifs, et vous détruirez toute émulation ; et les sciences les plus utiles à l'homme, sur-tout en société, sont bientôt en stagnation et se perdent tout-à-fait. Il faut être tourmenté du besoin d'écrire, et être bien persuadé de l'utilité qui en résultera, pour oser communiquer aux autres le produit de sa propre expérience (1).

------

(1) Il faut du courage en France, et de nos jours sur-tout, pour oser publier le fruit de ses veilles. Dans d'autres contrées, ce sont les productions littéraires qui font la réputation ;

Ces réflexions m'ont long-temps empêché de publier ce court mémoire ; j'espérois d'ailleurs qu'il ne manqueroit pas de paroître, sur le sujet de mes occupations, quelques bons ouvrages dont la perfection effaceroit sans peine le mérite de mon travail, si toutefois je suis assez heureux pour qu'on lui en accorde ; mais j'ai attendu en vain, et après neuf années de guerre, je me suis résous à livrer à l'impression le résultat de mes observations, que j'ai communiqué, à la vérité, à plusieurs de mes amis, et que j'ai envoyé au conseil de santé il y a plus de six ans. Quand je ne ferois que d'enhardir quelques-uns de mes confrères à en faire autant que moi, et à ne pas enfouir dans leurs bibliothèques, des observations utiles et précieuses, j'aurois rempli un but qui ne manqueroit pas d'utilité et qui satisferoit mon cœur.

---

mais chez nous, c'est la réputation de l'auteur qui fait lire ses ouvrages.

Au reste, j'ai considéré que l'ouvrage d'un autre ne ressembleroit pas au
mien, qu'il ne pourroit pas contenir les
observations qui m'étoient particulières, et que dans une science de faits
comme la médecine, il est, non-seulement utile d'en amasser, mais qu'il
est nécessaire d'en accumuler le plus
possible, parce qu'entre deux faits qui
paroissent semblables, encore est-il
vrai qu'on y trouve des différences dans
quelques circonstances qui sont quelques fois très-importantes.

Je n'ai donc pas cru tarder plus long-
temps à publier mon journal ; je pour-
rois faire valoir l'instance de quelques
amis qui m'ont pressé de le faire im-
primer; mais je ne mettrai pas ce motif
en avant, parce qu'il ne m'auroit jamais déterminé tout seul.

Le plan que j'ai suivi dans sa rédaction, est tout simple ; j'ai écrit ce qui
m'en paroissoit digne fur à mesure que
je l'observois : j'ai d'abord remonté à

quelques considérations sur les saisons qui ont précédé le moment où nous sommes entrés en campagne. Pénétré de la vérité et de l'utilité des préceptes d'Hippocrate, sur les constitutions annuelles et sur l'examen préalable des lieux où l'on doit pratiquer la médecine, je n'ai négligé aucune occasion de m'en instruire.

Ne croyant pas pourtant que les fines observations de la météorologie eussent une importance assez marquée sur le corps humain, j'ai laissé aux météorologues de profession, le soin de marquer les plus petits détails, dont ils font bien de s'occuper dans le commencement d'une science aussi peu avancée, jusqu'à ce qu'une longue suite d'observations leur ait appris leur peu de conséquence ou leur inutilité. Je ne me suis attaché qu'aux faits marquans, à ceux dont l'influence est incontestable; j'ai cherché à les exposer avec la concision médicale, dont nous avons un si parfait modèle dans le livre d'Hippocrate, de l'air, des eaux et des lieux.

Je considérois ensuite quelle étoit la position topographique de la ville ou de l'endroit où l'hôpital confié à mes soins étoit placé, je me formois, d'après elle, une idée du tempérament des habitans; des maladies auxquelles ils étoient le plus sujets, et s'il y avoit un officier de santé du lieu, j'allois le voir et je m'informois de la manière de vivre, des connoissances et des remarques qu'il pouvoit avoir faites sur les objets qui m'intéressoient; sur quoi je dirai en passant, qu'il n'y a pas assez de communication entre les officiers de santé; ils s'isolent trop, ils n'aiment pas assez de se rapprocher et de s'entretenir ensemble de leur art; quels que soient leurs motifs, que je n'apprécierai pas, ils sont mauvais et nuisibles aux progrès de la science et au perfectionnement de ceux qui s'en occupent. Que les jeunes gens sachent qu'une heure de conversation avec un homme instruit, quand on sait bien écouter, vaut mieux qu'une journée de lecture. Je confesse que de tout temps j'ai beaucoup profité de cette manière ; je me trouvois heureux quand je rencontrois un médecin expérimenté avec qui je pouvois causer, et ces hommes-là ne sont pas aussi rares en Allemagne qu'on voudroit bien le croire ; j'ai rencontré des hommes instruits dans les plus petites villes, et qui cherchoient à se mettre au courant des découvertes en recevant les journaux de médecine et de physique si multipliés en Allemagne. Il s'en faut bien que j'aie vu la même chose en France.

J'ai souvent rapporté de ces conversations, des connoissances topographiques, que j'aurois été au moins fort long-temps à acquérir, et ces connoissances influoient beaucoup sur l'emploi des remèdes que je prescrivois, et probablement sur les succès de ma pratique.

Mais je ferai ici une remarque très-importante, c'est que si un médecin s'en tenoit à l'examen de la position topographique de la ville où son hôpital est situé, pour juger de la salubrité de cet établissement, il pourroit quelquefois se tromper lourdement. Il arrive, et cela très-fréquemment, que l'emplacement d'un hôpital est tel, qu'il lui fait perdre une grande partie de la salubrité qui est commune au reste de la ville où il est situé; parce qu'on le rélègue presque toujours dans un local bas, à portée de grands amas d'eaux, quand il en existe; le contraire arrive bien rarement. Cambrai et Luxembourg en offrent pourtant des exemples; j'ignore si le motif d'une plus grande salubrité a présidé au choix du premier; je sais qu'il a déterminé celui du second; mais combien les officiers de santé n'ont-ils pas eu d'assauts à repousser, de tentatives à arrêter, pour empêcher que cet établissement ne soit transféré dans le lieu le plus bas, le plus resserré et le plus malsain, et de changer cet asile de la santé, en un champ funéraire.

Le placement convenable de mes malades, et l'emploi des moyens propres à assurer et à entretenir la salubrité de leur demeure, m'occupoient en même temps ; j'évitois avec soin de les entasser et d'engorger l'hôpital, soit en évacuant à propos sur les autres établissemens, soit en ne conservant que les malades qui avoient absolument besoin de secours pharmaceutiques et dont les forces ne leur permettoient pas de se bouger ; je trouvois beaucoup moins d'inconvéniens de faire sortir les convalescens trop promptement et de les exposer à des rechûtes, que de les garder dans un local dont l'air eût été bientôt infecté et corrompu, ce qui n'auroit pas manqué d'être très-nuisible à ceux qui l'auroient respiré. Ce danger certain et inévitable étoit plus à craindre que les inconvéniens d'une sortie trop prompte ; car s'il y a parmi le militaire des imprudens peu soigneux de leur santé, il en est pourtant beaucoup d'autres qui écoutent les conseils que leur donne un médecin en qui ils ont confiance, et qui conforment leur conduite en conséquence.

Ces objets ne m'occupoient pas seulement à mon arrivée et dans les commencemens de mon service, je ne les perdois jamais de vue, et j'étois toujours attentif à rectifier mes premiers apperçus, et à ajouter ce qui pouvoit m'être échappé.

Pendant ce temps, j'observois les maladies qui se présentoient, je cherchois à découvrir si elles avoient un caractère d'épidémie, quel il étoit ? et surtout si ce caractère cadroit avec l'idée que je m'en étois faite d'avance ; j'en marquois les principaux traits, et j'entrois dans des détails, lorsque ceux-ci me paroissoient offrir quelques circonstances

tances qui pouvoient faire connoître les déviations ou de l'épidémie générale, ou des cas particuliers, du caractère primitif de la maladie.

Je cherchois à apprécier l'influence que la domination épidémique avoit sur les maladies sporadiques qui paroissoient devoir lui être le moins soumises; je notois les changemens que ces maladies en recevoient, et c'est sur tout dans le traitement et dans l'effet des remèdes, que j'observois les différences les plus notables.

Outre l'histoire générale que je faisois des maladies qui me paroissoient s'étendre à un plus grand nombre d'individus, et régner épidémiquement, j'écrivois les observations particulières que je trouvois intéressantes, soit par la réunion ou la gravité des symptômes, soit par leur issue funeste. Celles qu'on lira dans ce mémoire sont extraites de mon journal. J'aurois pu en ajouter plusieurs, mais comme elles n'auroient été à-peu-près que la répétition de celles que j'ai rapportées, et que je ne suis pas soucieux de faire un ouvrage volumineux, j'ai cru devoir les supprimer. Heureux si l'on ne trouve pas que j'aurois encore dû être plus court !

Tout ce que je puis assurer, c'est que je les ai écrites avec candeur, que je n'ai rien ajouté de mon imagination, et que s'il existe quelques erreurs, j'ai été trompé le premier. Je n'ai écouté que l'expérience, et dans mes observations, j'ai tâché d'écarter toute idée qu'auroit pu me suggérer la théorie. *Opinio quidem hominibus magnum malum, experientia verò optima.* (Théognis).

P. S. Ce que j'ai dit sur les officiers de santé dans mon avant-propos, étoit déjà imprimé, lorsque l'arrêté des consuls du 24 thermidor, sur l'organisation des hôpitaux militaires, a paru à Metz.

Personne ne respecte plus que moi l'autorité qui lui a donné l'existence et qui en fait la règle de conduite de toutes les personnes employées dans les hôpitaux militaires, mais ce sentiment ne m'empêche pas de reconnoître tous les vices de rédaction, d'ordre et l'oubli des convenances qui appartiennent à la nature des personnes et des choses, qu'on y remarque très fréquemment. Nous ne sommes plus, je pense, dans un temps où tout se faisoit par une *certaine science, pleine puissance et autorité royale*, ceux qui sont à la tête de l'état ont trop de mérite personnel, sont entourés de trop de gloire, ont donné trop de preuves de leur amour pour le bien et de leur désir de mettre chacun à sa place, pour s'offenser des observations d'un individu qui n'a en vue que le bien de la chose, et non le besoin de critiquer. Si ses observations sont justes, elles seront utiles tôt ou tard : si elles ne le sont pas, elles tomberont bientôt dans l'oubli.

Les officiers de santé ne devoient pas s'attendre à retrouver dans un règlement fait la 8.ᵉ année de la république, des articles de police contre lesquels ils réclamèrent dès avant la décadence de la monarchie, et sur lesquels ils étoient parvenus de faire revenir les autorités, du moins en partie. La raison a de la peine à percer, surtout quand de petites passions, telles que la vanité, lui ferment les avenues, et se trouvent par-tout sur son passage ; mais enfin elle étoit parvenue à se faire entendre. Par quelle fatalité a-t-elle été repoussée de nouveau, et obligée de reculer ? et quel est le charme qui a pu fermer les bouches ou tarir les encriers d'où devoient sortir les réclamations de ceux qui, par état et par la place qu'ils occupent, étoient plus à même de se faire entendre ?

Ils en ont fait des réclamations, je n'en doute pas; l'auteur des *observations sur le service des hôpitaux militaires, rappelé aux vrais principes*, qui a eu le courage de combattre tout seul en 1788, ceux qu'on appeloit alors des faiseurs et qui étoient bien plutôt des défaiseurs, celui qui a défendu ses collègues avec tant d'énergie, et qui sent si bien la dignité de son état, n'est assurément pas resté muet dans cette occasion. Sans doute, il n'a pas été abandonné non plus par ses collègues qui, malgré qu'ils n'aient pas autant que les médecins à se plaindre de quelques dispositions du règlement, ne doivent pas moins se réunir pour la cause commune des officiers de santé. S'ils ont été entendus, comment se fait-il qu'ils n'aient pas été écoutés ? Et pourtant sous quel autre gouvernement les officiers de santé pouvoient-ils espérer d'obtenir la considération qu'ils méritent à tant d'égards, de re—

cevoir enfin la récompense de leur dévouement envers l'humanité, le prix de leur courage à braver tous les dégoûts qu'inspirent le malheureux couvert de plaies, ou attaqué d'une pourriture contagieuse? Je vois et avec satisfaction le gouvernement récompenser publiquement les actions de bravoure, les brevets d'honneur décernés à la valeur et aux vertus militaires, et je ne vois pas qu'on fasse la moindre attention aux officiers de santé. N'est-ce donc rien que de voler sous le canon de l'ennemi, pour arracher aux pieds des chevaux ou à l'abandon le plus désespérant, les braves que le fer ou le feu ont atteints? N'est-ce donc rien que de recevoir entre ses bras les malheureux mutilés et tout dégouttans de sang, les soigner avec tendresse, verser le baume sur leurs plaies, manier avec courage et avec douceur, leurs lambeaux déchirés, pour tâcher de les leur conserver; tremper à tout instant ses mains dans le sang et la pourriture; vivre continuellement dans une atmosphère toujours mal − saine, quand elle n'est pas pestilentielle; être sans cesse entourré d'objets dégoûtans; recevoir par tous les pores les miasmes contagieux des dyssenteries, des fièvres d'hôpitaux, etc., enfin respirer sans cesse la mort, pour l'éloigner de ceux qui sont tout près d'en être les victimes? Certes ce genre de courage et de dévouement en vaut bien un autre.

Combien les officiers de santé n'ont-ils pas vu de ces braves qui, comme le dit Voltaire, vont au combat comme au bal, trembler pourtant à l'aspect de nos salles, le mouchoir sous le né, parcourir rapidement l'hôpital et se hâter d'y finir des visites qu'ils n'auroient probablement pas faites, si la loi ne leur en eût imposé l'obligation? La sensation pénible qu'ils éprouvoient, à l'aspect seul des souffrans, saisissoient plus leur ame que l'explosion d'une batterie.

Si je voulois faire l'énumération de tous les officiers de santé qui ont péri victimes de leur zèle, et pendant leurs fonctions, seulement pour les armées où j'ai été chef, on verroit qu'il n'y a peut-être aucun corps combattant qui ait fait autant de pertes. S'ils ne sont pas tous morts, presque tous au moins ont été frappés. On verroit que le danger de la guerre n'étoit pas tout pour ceux qui étoient sous les drapeaux et qu'il y a eu aussi plus d'un pont de Lodi pour les officiers de santé (1).

____

(1) Je ne citerai que l'infortuné Laison. Ce malheureux jeune-homme, qui étoit médecin de l'hôpital de Bel-Air-sur-Arroux, fut arraché à son état pour aller faire la guerre dans la Vendée, comme officier d'un bataillon de son département. Il s'est trouvé à plus de vingt combats, et quoiqu'il ait été blessé, la mort l'avoit épargné. Rendu à ses occupations favorites, et arrivé à l'armée de la Moselle en qualité de médecin, je l'attachai à l'hôpital de Pont-

Ce sont pourtant ces hommes que l'arrêté met, comme des écoliers, sous la férule de pédagogues, en ne faisant aucune distinction d'eux avec un simple commis, que dis-je, avec le dernier infirmier, en les soumettant les uns et les autres également et sans aucune distinction à la police des commissaires des guerres. Il va jusqu'à l'humiliation , en autorisant les commissaires des guerres à prononcer la suppression des officiers de santé pour des cas graves ; et comme ces cas graves ne sont pas spécifiés, que l'arrêté laisse tout à l'arbitraire des commissaires des guerres, il s'en suit qu'ils pourront trouver des cas graves quand ils le voudront, et qu'ils en seront quitte , pour dire qu'ils avoient trouvé le *cas grave*.

à-Mousson, comme troisième médecin , afin qu'il eût moins de besogne, et qu'il se mît au courant du service. A peine y fut-il un mois , qu'il y mourut de la fièvre d'hôpital , ainsi que ses deux confrères.

Il faut le dire avec franchise, puisque c'est la vérité, les commissaires
des guerres n'ont, quant à ce qu'on
appelle le personnel, aucune qualité
pour être les supérieurs des officiers de santé. Je n'entrerai dans
aucune discussion pour approfon-
dir les motifs qui, sous l'ancien gouvernement, leur avoit fait accorder
cette supériorité; on les devine assez;
mais je soutiens qu'ils ne peuvent plus,
qu'ils ne doivent plus l'avoir sous ce-
lui-ci. Cette note est déjà trop longue,
pour que je veuille l'étendre encore
davantage, en développant mes raisons
(1); mais je ferai seulement remarquer
qu'il n'y a pas de motifs de refuser
aux officiers de santé de former un
corps militaire, semblable à celui du
génie, qui auroit la même subordina-
tion quant au personnel, et dont le

____

(1) Je les donnerai quand on voudra, et à qui
les demandera.

matériel seroit livré à qui le ministre de la guerre le jugeroit à propos.

D'ailleurs n'avons - nous pas déjà l'exemple pour nous ? le règlement concernant les hôpitaux d'instruction n'ôte-il pas aux commissaires des guerres la police du personnel de tous les officiers de santé, en prononçant que le commissaire-ordonnateur, à plus forte raison le commissaire ordinaire, *ne pourra prendre aucune mesure sur les officiers de santé de diverses classes, qu'après avoir consulté les officiers de santé en chef, et s'il s'agissoit de l'un des professeurs, il en seroit référé au ministre.* Depuis cet arrêté qui est de toute justice, et qui auroit dû être étendu à tous les hôpitaux, a-t-on vu quelques abus en résulter ? a-t-on vu les officiers de santé moins attachés à leurs devoirs, moins exacts dans leurs fonctions, moins humains, moins studieux ?

Le rédacteur paroît avoir de l'humeur contre les officiers de santé ; il ne leur parle qu'en termes acerbes , et sur-tout quand il *s'agit* des détails administratifs , ce sont toujours les officiers de santé *ne se permettront pas* , *ne s'immisceront pas* , *etc.* et cela précisément pour des choses dont personne ne peut voir mieux qu'eux les abus, mais l'administration est l'arche sainte , on veut les préserver du danger d'y toucher.

Enfin et pour finir des observations qu'il me seroit si facile de multiplier, je ne parlerai plus que de la classification des médecins en deux ordres. Cette innovation a déjà été tentée plus d'une fois, et l'on en avoit jusqu'à présent senti toute l'inconvenance. Sans doute que son adoption suppose quelque organisation postérieure que nous ne connoissons pas, sans quoi il eût été aisé d'en démontrer l'absurdité. On dit en logique que deux choses qui sont égales à une 5.ᵉ sont égales entre elles. Cet axiome s'applique très-bien aux médecins.

Un

Un médecin qui arrive dans un hôpital a déjà le titre de médecin; il a fait ses études ailleurs, il a acquis par des examens publics, la qualité de médecin, et son entrée à l'hôpital ne lui donne pas son titre, il peut se perfectionner sans doute par la fréquentation des malades, mais quelque perfection il puisse y acquérir, cela ne change point son titre de médecin. Rien de mieux au contraire que la triple classification des chirurgiens et des pharmaciens, tant qu'on recevra dans les hôpitaux des jeunes gens pour y faire leurs études, et y acquérir un état : un jeune homme par exemple a fait quelques études préliminaires, il sait ranger, appliquer un bandage, il est admis comme chirurgien de 3.e classe, il étudie, il perfectionne ses connoissances, il ajoute à son savoir, il peut faire quelques opérations plus importantes, il devient chirurgien de 2.e classe ; enfin par son travail, son intelligence et son application, il est propre à faire le plus grand nombre des opérations, on peut lui confier un blessé, il en sait assez par lui-même pour n'avoir plus besoin d'être dirigé par un autre. Il est alors vraiment chirurgien de 1.re classe, il en est de même des pharmaciens. Les classes désignent donc, ou sont censées du moins désigner pour l'un et pour l'autre, la somme des connoissances qu'ils ont successivement acquises, et rien de tout cela n'est applicable au médecin. Car ne seroit-il pas absurde d'appeler chirurgien de 3.e classe un officier de santé qui auroit, par des examens publics, acquis, par exemple, le titre qu'on nommoit autrefois maître en chirurgie? il pourroit bien remplir les fonctions d'un chirurgien de 3.e classe, mais il n'en seroit pas un pour cela.

En voilà assez pour prouver que les officiers de santé sont maltraités par l'arrêté, que quand on voudra y réfléchir sans partialité, on sera obligé de convenir qu'il a besoin de redressement dans un grand nombre de cas. Je ne serai probablement pas le seul qui fait entendre des réclamations, d'autres le feront sans doute plus énergiquement que moi, et avec la décence et la capacité que le sujet exige. Je finis par désirer qu'ils réussissent et qu'ils parviennent à éclairer l'autorité sur le compte d'une classe intéressante de citoyens, auxquels il ne manque peut-être qu'une meilleure organisation, pour devenir tout ce qu'ils peuvent et tout ce qu'ils doivent être.

MÉMOIRE

EXTRAIT

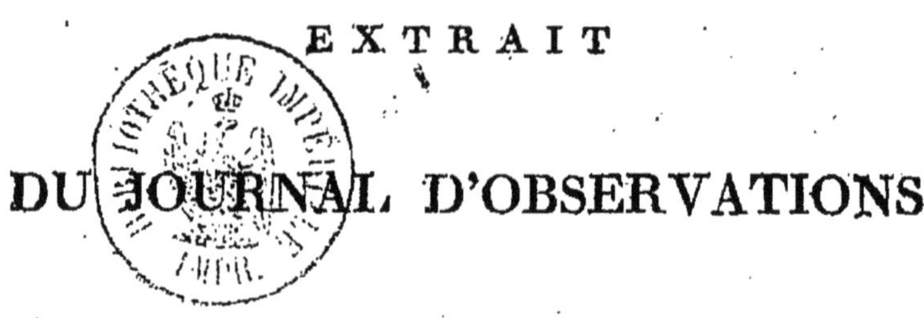

DU JOURNAL D'OBSERVATIONS

FAITES PENDANT L'ANNÉE 1792,

*Dans les Armées françoises du Nord,
du Centre et des Ardennes.*

Avant de décrire la constitution épidémique de la saison du printemps, il est nécessaire d'examiner quelle a été la température de l'atmosphère dans la saison qui a précédé, et de faire connoître les autres causes qui peuvent avoir influé sur les caractères épidémiques que nous allons décrire.

Après les froids de l'hiver de 1792, qui furent fort inconstans, puisque

A

dans le courant de cette saison on a souffert quatre fois des gelées assez rigoureuses , qui ont eu entr'elles des intervalles d'une température pluvieuse et australe , les premiers jours du printemps furent aussi très-variables. Les mois de mars et d'avril se passèrent en jours pluvieux , et en jours sereins , mais ceux-ci furent bien moins nombreux , puisque les semailles furent très-retardées. Les premiers jours d'avril furent cependant très - chauds , ainsi que les trois premiers de mai; mais le 4 , après une pluie assez considérable , qui fut amenée par un vent très-fort du sud-ouest , qui gagna le nord le lendemain , l'atmosphère fut très-refroidie et morfondante; les froids humides furent assez vifs pour faire périr plusieurs chevaux qui n'étoient pas accoutumés au bivouac ; la pluie froide tomboit par de longs intervalles, et fut toujours accompagnée d'une froidure pénible ; chacun se plaignoit e sentoit le besoin de s'approcher du feu, et l'on buvoit avec plaisir des boissons spiritueuses. Vers le 10, l'atmosphère se réchauffa, puis se refroidit bientôt, après une petite pluie. Tout le mois se passa en de pareilles alternatives, et il y eut des jours très-chauds. Les changemens de grande chaleur et de froid assez vif se succédoient très-rapidement, et quelquefois d'une heure à l'autre, si la pluie venoit à tomber. Les pluies d'orages, ordinairement douces et vivifiantes, amenoient les mêmes variations. Les nuits ont été constamment froides, surtout vers le lever du soleil, et les vallées étoient souvent couvertes de gelée blanche ; quelquefois même l'eau qui coule dans leur enfoncement se trouvoit glacée.

Les différens corps de troupes destinés à composer l'armée du Centre ou de la Meuse, reçurent ordre, sur la fin d'avril, de marcher sur Givet. Les ordres furent si précipités, que les sol-

A 2

dats firent des marches fatigantes par leur longueur, fort pénibles par les vicissitudes de chaleur et de froid qu'ils éprouvèrent dans la même journée. Il y eut des marches de 14 lieues dans un jour. Tantôt ils étoient accablés par l'ardeur du soleil, tantôt mouillés et refroidis par les pluies et les vents du nord.

Arrivés à Givet, on les fit camper en face de Charlemont, sur les hauteurs de Rancennes, éloigné d'une demi-lieue de la rive droite de la Meuse.

Le camp étoit placé sur le penchant de plusieurs montagnes, qui formoient entr'elles un bassin assez large, où est situé le petit village de Rancennes. Le terrein est sec naturellement et pierreux, et sa pente facilite l'écoulement dés pluies : nulle flaque, nul amas d'eau n'en corrompent l'air. Un très-petit ruisseau, insuffisant pour fournir assez d'eau au camp, coule dans le bas fond. L'eau qui satisfaisoit aux besoins des hommes et des chevaux, étoit puisée dans la Meuse ou dans la petite rivière qui traverse un vallon voisin.

La position élevée du camp sur des montagnes non abritées, l'exposoit à tous les vents, mais principalement à ceux du nord et de l'ouest qui furent très-violens, et qui durèrent long-temps. Plusieurs tentes en furent abattues, et même celle du général Lafayette, laquelle étoit cependant placée plus bas dans la colline que les autres, et par conséquent plus abritée.

Les alimens du soldat étoient bons, le pain de munition étoit léger et savoureux, la viande d'excellente qualité. Aucune plante potagère n'étant avancée dans les jardins, le soldat ne put guerres en manger ; il fut privé de raves et de salade dont il fait trop souvent abus. L'éloignement de l'eau en rendit la boisson moins commune, et la grande cherté du vin fit que le soldat ne pût en faire excès ; mais il consomma beaucoup de bière, et comme le rassemblement des troupes étoit fait fort précipitamment, et qu'à peine les régimens étoient annoncés à Givet, qu'ils arrivoient presqu'aussitôt, il se trouva que les provisions de cette ville qui ne peuvent pas être ordinairement fort considérables, furent bientôt épuisées. Les brasseurs se hâtèrent de fabriquer, mais leur bière leur étoit enlevée et bue avant qu'elle ait eu le temps de se défécer par la fermentation ; aussi cette bière étoit-elle épaisse, trouble et encore sucrée.

On but encore beaucoup d'eau-de-vie qui malheureusement n'est pas de bien bonne qualité ; car elle est mêlangée avec de l'esprit de grains, et peut-être avec d'autres ingrédiens encore plus mal-sains.

Les travaux du soldat ne furent pas considérables. On ne fatiga point les troupes par des exercices. Si l'on leva le camp, ce ne fut que pour le replacer à une portée de fusil. Le sommeil du soldat ne fut troublé qu'une ou deux fois par de fausses alertes; mais il souffrit beaucoup du froid et de l'humidité, quand il alloit occuper toute la nuit des postes avancés, et qu'il étoit obligé de bivouaquer.

L'avant-garde de l'armée, aux ordres du général Gouvion, s'étoit portée jusqu'au-delà de Dinant, près de Bovines. Arrivés dans ce camp, les soldats furent mal approvisionnés et restèrent quatre jours au bivouac, faute de tentes. Le temps étoit alors très-mauvais, des pluies froides succédoient continuellement à de courts intervalles d'un temps brumeux. Le ciel étoit toujours couvert, et le soleil venoit rarement améliorer cette situation. Les troupes soutinrent cette pénible fatigue avec la constance et le courage de vieux soldats; peu tombèrent malades.

La constitution de l'atmosphère a donc été en grande partie humide et froide, et cette température a fait une plus vive sensation, et a agi d'autant plus efficacement sur les corps animés qu'elle a été plus souvent interrompue par des jours de grande chaleur, et que d'autres circonstances ont rendu les corps plus susceptibles de son impression. La bière qui a fait la plus grande partie de la boisson, a encore favorisé l'action de cette cause morbifique, en ce que n'ayant presque pas fermenté, son effet se portoit plus sur les intestins que vers la peau. La tendance des humeurs à la circonférence qui se manifeste constamment au printemps et qui a été déjà observée par Hippocrate, a dû nécessairement être arrêtée dans sa marche. Ces alternatives continuelles de froid et de chaleur ont pour ainsi dire trempé la peau. Elles ont dû rendre son tissu plus dense, diminuer sur quelques corps ou abolir tout-à-fait sur d'autres, ses fonctions ; l'humeur que la transpiration naturelle auroit portée hors du corps, a été conséquemment refoulée sur les organes que la foiblesse naturelle de leur texture défendoit le moins, ou sur lesquels les causes externes dont nous avons parlé agissoient plus efficacement.

Ces deux considérations expliquent facilement le grand nombre de symptômes que j'ai eu l'occasion d'observer dans cette constitution. Malgré leur diversité, je n'ai jamais reconnu d'autre cause première que le refoulement de la transpiration. Les céphalées continues et périodiques, les maux de gorge, les ophtalmies, les surdités, les tumeurs dans différentes parties, les flux quelquefois même dyssentériques, les douleurs rhumatismales, les éruptions cutanées, même les fièvres tierces ne m'ont point fait diversifier sur leurs causes et hésiter sur leur traitement. J'ai regardé toutes ces affections comme ayant la même origine

que les péripneumonies qui ont attaqué le plus grand nombre des malades
que j'ai soignés , c'est-à-dire , une surcharge d'humeur muqueuse et de bile.
Le siége que cette humeur affectoit, a mis
seul de la différence dans l'aspect de cette
épidémie , et n'a fourni que des indications accessoires; car les principales
ont toujours été les mêmes.

Evacuer la surcharge d'humeur mu-
coso-bilieuse , d'abord par le haut ,
ensuite par les selles , relever le ressort
du tissu cellulaire et de la peau , réta-
blir la transpiration , et enfin redonner
du ton aux organes de la digestion ,
furent les principales indications à
remplir , et ces moyens eurent tant
d'efficacité dans cette épidémie que des
sept morts arrivées dans le mois , une
seule fut la suite d'une péripneumonie.

J'ai traité à-peu-près quatre cents
péripneumoniques, depuis le 7 de mai
jusqu'au 10 juin, sur 520 malades qui
furent reçus à notre ambulance , à

l'exception d'un seul , tous guérirent et d'autant plus promptement que l'émétique leur avoit fait évacuer plus de glaires bilieuses , et que les sueurs survinrent plus copieusement, et durèrent plus long-temps. La sueur étoit le plus souvent la véritable crise de cette épidémie ; quelquefois elle n'étoit que la crise préparatoire , et qui précédoit toutes les autres. Tous ceux qui ont eu de bonne heure des sueurs copieuses et générales ont été promptement guéris. Pendant cette sécrétion, la nature préparoit l'humeur qui devoit être évacuée par les selles , par les urines ou par les crachats ; car tous les organes sécrétoires eurent chacun leur portion de travail proportionnée à la quantité de l'humeur renfermée dans les cellules de leur tissu cellulaire ; et si l'émétique a tant de succès dans ces maladies , c'est parce qu'en diminuant la surcharge humorale , il rend de l'action au tissu cellulaire qu'il secoue et

A 6

réveille en même temps la cause des sueurs.

Ce dernier effet étoit tellement né-cessaire qu'il servît plusieurs fois à me faire pronostiquer que des malades grièvement attaqués sortiroient plutôt de l'hôpital que d'autres qui simple-ment enrhumés se promenoient conti-nuellement et ne pouvoient pas tenir au lit ; et mon pronostic fut toujours vrai.

Obs. I. Deux faits fort remarquables vien-nent à l'appui de ce que je viens de dire ; le premier m'est fourni par le citoyen Piard du 85.ème régiment. Il vint à l'ambulance avec une extinc-tion de voix, une toux considérable, beaucoup de douleurs dans la poitrine, et cependant sans fièvre. Ces symp-tômes duroient déjà depuis quelque temps ; je lui prescrivis des béchiques incisifs, de légers sudorifiques, et je lui recommandai de boire chaud et souvent. Comme il avoit de l'appétit, et que d'ailleurs, disoit-il, il n'étoit pas malade, il voulut manger, et ne suivit point le conseil que je lui donnois de se tenir chaudement dans son lit, et de tâcher de suer. Qu'arriva-t-il ? Il resta toujours dans le même état ; ennuyé d'être à l'hôpital, il demanda de sortir ; je le lui permis en lui prédisant qu'avant quatre jours il y rentreroit. Le surlendemain de sa sortie il revint à l'hôpital avec les mêmes symptômes, mais beaucoup aggravés, et auxquels étoient joints un engorgement des glandes du cou, et un peu de fièvre. Il fut plus docile les premiers jours, se laissa conduire, sua un peu, ce qui diminua tous les symptômes. Mais il revint bientôt à ses promenades. Voyant que son indocilité ne lui permettroit pas de guérir, je pris le parti de l'évacuer sur Mèzières parce que je présumois qu'il seroit plus retenu que dans une ambulance où la promptitude avec laquelle on est obli-

gé de former un établissement momen-
tané ne permet guères d'y asseoir un
service aussi régulier que dans un hôpital sédentaire. Je ne sais ce qu'il y
est devenu.

Obs. II. Voici le second fait : le citoyen Andrivé se rendit à l'hôpital avec tous les
accidens d'un gros rhume. Les symptômes étoient à-peu-près les mêmes
que ceux qu'éprouvoit le malade pré-
cédent ; il avoit aussi la même indocilité. Après plusieurs jours d'un traitement infructueux, Andrivé demanda
sa sortie ; je la lui accordai en lui faisant le même pronostic qu'à Piard. Il
ne fut que trop tôt vérifié. Deux jours
après, Andrivé revint à l'hôpital avec
tous les symptômes d'une péripneumonie vraiment fâcheuse. Douleur vive
dans la poitrine, point très-incommo-
de, peau et langue sèches, fièvre ac-
cablante, expectoration presque nulle ;
tels furent les symptômes qui rame-
nèrent à l'hôpital Andrivé. Pour cette

fois il fut plus plus docile, et suivit exactement le traitement que je lui prescrivis; il fut récompensé de sa docilité. Les symptômes cédèrent avec peine, à la vérité, mais ne résistèrent pourtant pas aux béchiques alliés aux anodins. Je lui fis laver les bras et la poitrine avec de la décoction émolliente, et les minoratifs terminèrent la cure. Il était convalescent lorsque je quittai le service de l'ambulance.

Celui qui périt étoit un officier du 9.ᵉᵐᵉ bataillon des chasseurs à pied, qui avoit essuyé les fatigues de l'avant-garde. C'étoit un homme maigre, d'un tempérament bilieux, âgé d'environ 5o ans, ayant la poitrine large et applatie. Il ne fut point évacué dans le début de sa maladie, et comme il étoit constipé, on lui fit prendre une grande quantité d'huile qui lui occasionna une selle ou deux. Le cinquième jour il vint à l'hôpital ambulant, je le trouvai foible et se plaignant beaucoup d'un point très-aigu sous la mamelle droite, et d'une gêne très-considérable dans toute la poitrine ; la fièvre étoit assez forte , mais le pouls vide et nerveux, la peau et les yeux étoient verdâtres, (1) la langue chargée d'une croûte de la même couleur, les crachats étoient forts rouillés et très-abondans; un instant après que le malade les avoient rendus, ils s'étendaient sur le linge, et formoient une tâche large et brune, surtout vers les bords. Quoiqu'ils fussent expectorés avec assez de facilité, la respiration n'en restoit pas moins précipitée, et la gêne de la poitrine ne se dissipoit pas.

Malgré que ce malade arrivoit un peu tard à l'hôpital, je ne balançai pas cependant à le faire vomir. Il rendit beaucoup d'humeurs bilieuses, le point se dissipa, mais à cela près, l'état de

____

(1) *Icterus antè diem septimum , malum.* Hipp. COAG.

la poitrine et des crachats demeura le
même. Un minoratif doux fit faire plusieurs selles d'une matière cuite et bien
préparée, ce qui ne diminua point la
gêne de la poitrine et l'abondance des
crachats aqueux, et quoique la fièvre
fut un peu modérée, je ne regardois
ce mieux que comme étant produit par
la diminution des forces. Deux jours
après, la poitrine parut se remplir,
quoique les crachats sortissent toujours
facilement et en grande abondance. Je
fis appliquer deux larges vésicatoires
aux côtés sur la région diaphragmati-
que. Ils ranimèrent un peu la fièvre,
mais n'empéchèrent pas l'engorgement
et l'affaissement des poumons. Le malade mourut le neuvième jour de son
arrivée, et le quatorzième de sa maladie.

Ce malade fut la seule victime de
cette épidémie ; encore je pense que
s'il avoit pu être évacué dès le début
de sa maladie, les choses auroient peut-

être tourné différemment, mais la grande quantité d'huile dont le malade avoit fait usage, n'a-t-elle pas contribué à l'issue funeste de sa maladie, en affoiblissant les solides, et les soustrayant pour ainsi-dire, par son enduit, à l'action des autres remèdes. Son chirurgien-major m'a appris depuis, que l'huile étoit mêlée d'eau-de-vie, et que le malade en fit usage pendant cinq jours, avant de vouloir venir à l'hôpital.

Obs. IV et V. Outre ce péripneumonique, six autres malades succombèrent encore, l'un de phthisie, un autre d'un hydrothorax, qui étoit la suite de trois traitemens anti-vénériens, et d'une fièvre tierce cachectique.

Obs. VI. Le 5.e fut apporté le soir, mourant à l'hôpital, et en effet il périt le lendemain. Il avoit été, dit-on, écrasé par une chûte de cheval, c'est par erreur qu'il fut placé dans une de mes salles.

19

Le 4.ᵉ étoit un conducteur des cha- Obs. VII. rois ; il avoit eu un accès considérable de fièvre, pendant lequel il fut très-mouillé; néanmoins il s'endormit dans un caisson ; en s'éveillant il se trouva très-enflé; il vint à l'hôpital avec une infiltration générale, une fièvre sour-de, et de l'embarras dans la poitrine. Les remèdes que je lui prescrivois, avoient diminué l'œdême, il urinoit passablement, son appétit renaissoit. Un soir il ne voulut pas manger, il s'a-lita en se plaignant; il mourut six heu-res après. Il s'étoit encore promené tout le jour. J'eus regret de ne pas pouvoir l'ouvrir.

Petit, sergent d'artillerie, fut celui Obs. VIII. qui me donna le plus de regret de la difficulté que j'éprouvois dans les ou-vertures de cadavre. Il étoit entré à l'hôpital militaire sédentaire pour des douleurs de poitrine occasionnées par un asthme qu'il ressentoit depuis plu-sieurs années. Comme cet hôpital étoit

surchargé de malades , Petit fut évacué
sur notre ambulance , lorsque l'établissement fut en état de faire le service.
Deux jours avant sa translation, une
fenêtre toute entière fut détachée par
un coup de vent, et atteignit ce malade
à la partie antérieure latérale du frontal,
un peu au-dessous de la naissance des
cheveux, et lui fit une plaie d'un pouce
de largeur et légère en apparence.
Cette plaie, qui assurément n'auroit
pas été négligée si le malade avoit été
dans une salle de blessés , eut le sort
de presque tout ce qui concerne la chirurgie dans les salles des maladies internes ; on n'y fit guères attention. Un
jour ou deux après son arrivée à l'ambulance , l'endroit de la plaie , qui étoit
cicatrisée, devint douloureux : néanmoins on ne daigna pas encore m'en
parler , et le malade lui-même en se
plaignant d'une douleur de tête, n'en
accusoit pas sa blessure. Le chirurgien
aide-major y fit à mon insu une inci-

sion pour débrider les tégumens. Il survint un gonflement œdémateux aux environs de la partie blessée et du front : je demandai des nouvelles de la plaie et je me fis rendre compte de ce qui s'étoit passé à la levée de l'appareil, et je vis que la plaie étoit presque entièrement cicatrisée ; mais le gonflement des tégumens du front gagnoit les paupières, et successivement la face, le cou, les bras, la poitrine, et enfin tout le corps. L'embarras de la poitrine et la difficulté de la respiration allèrent toujours en croissant, la poitrine s'engorgea, et le malade mourut après un délire d'environ vingt-quatre heures.

Petit est mort sans doute à la suite d'un engorgement œdémateux des poumons ; mais la blessure n'a-t-elle contribué en rien à sa mort ? l'ouverture du cadavre auroit pu lever ce doute que j'aurois bien désiré éclaircir ; mais le médecin qui se sera trouvé dans le commencement d'un établissement de 500

malades , formé à la hâte et momenta-
né , et qui aura été témoin de la difficulté qu'on éprouve à établir les choses
essentielles et indispensables , ne me
reprochera pas d'avoir laissé échapper
une occasion d'instruction.

Obs. IX. Enfin le 7.ᵉ malade qui mourut , étoit
un volontaire du département de ***
je ne sais depuis combien de jours il
étoit tombé malade , mais à son arrivée
à l'ambulance il présentoit des symptômes précurseurs d'une mort prompte.
Il déliroit sourdement, avoit les yeux
ternes , beaucoup de propension au
sommeil , les extrémités froides , et la
peau étoit teinte d'une couleur cada-
véreuse , le pouls se faisoit à peine sentir , et il alloit à la selle sans s'en appercevoir ; malgré deux larges vésicatoires , une potion tonique et cordiale ,
et l'application des linges chauds , ce
malade expira huit heures après ma
première visite.

Voilà toutes les pertes que j'ai éprou-

vées pendant mon service à l'ambulance
de Givet : j'aurois bien voulu me les
rendre plus instructives par les ouver-
tures des cadavres ; mais s'il ne m'a
pas été impossible de le faire , du moins
j'y ai trouvé assez d'obstacles pour m'y
faire renoncer. Je ne saurois m'empêcher de faire ici une réflexion , aux
risques de déplaire aux hommes de
l'art qu'elle concerne. Il semble par
l'extrême négligence avec laquelle les
chirurgiens en sous – ordre regardent
les soins qu'ils doivent donner aux maladies internes , que nul objet de la médecine proprement dite , ne peut être
mis en parallèle avec le moindre bobo
externe. Arrêter la propagation d'une
maladie contagieuse , mettre un frein
aux ravages d'une épidémie, sauver la
vie à un péripneumonique par une saignée ou des vésicatoires appliqués à
propos , ne sont rien auprès , je ne dirai pas de faire la lithotomie ou l'opération de la hernie , mais seulement

d'ouvrir un bubon on de faire la plus petite des incisions. Si l'on remarque cet esprit dans un temps où les grands cas de chirurgie sont rares, qu'on juge jusqu'à quel point il est porté pendant la guerre où il se présente tous les jours les accidens les plus graves, et les faits chirurgicaux les plus importans. Ce n'est réellement qu'à regret que la plupart d'entre eux font le service des fiévreux qu'ils semblent regarder comme une punition.

Les remèdes dont j'ai fait usage dans le [traitement de cette épidémie ne furent point compliqués; un petit nombre m'a suffi pour remplir les indications. Les évacuans par haut et par bas, une tisanne pectorale, quelquefois l'apéritive nitrée, l'oximel, le kermès et les vésicatoires furent à peu près toute ma matière médicale. Je fis souvent usage d'une potion pectorale composée avec la tisanne et le sirop pectoral auxquels j'ai fait ajouter quelques

ques grains de kermès ou quelques gouttes de laudanum suivant les indications.
Quant à l'usage de ce dernier médica-
ment, je ne saurois m'empêcher de remarquer ici que la plupart des praticiens le redoutent trop dans les affections catharrales de la poitrine. Je puis
affirmer que malgré l'usage fort étendu
que j'en ai fait, je n'ai presque jamais vu
qu'il produisît du mal, et j'ai obtenu
plus d'une fois par son moyen, ce que
d'autres espèrent par les saignées multipliées; aussi ai-je été fort avare de sang.
A moins qu'une douleur pongitive extrêmement vive, un pouls très-plein et
très-accéléré, des crachats de sang et
la face fort rouge ne me l'aient indiqué,
je n'ai point fait pratiquer la saignée ;
et j'ose dire qu'un médecin qui voudra
prendre de la confiance dans mon assertion, qui dans les commencemens
emploiera les opiatiques avec réflexion
et avec adresse obtiendra de grands et
bons effets de ces remèdes, et me saura

B

quelque gré de mon avertissement. (1).

Une remarque que je ne crois pas à la vérité très-importante, mais qui peut avoir son application dans quelques circonstances, est la différence de mortalité des salles de notre ambulance. Cet établissement étoit placé au ci-devant couvent des récolétines ; les cellules des dortoirs dont on avoit abattu les cloisons, formoient deux salles séparées par une cheminée adossée à un mur, et fermé par une porte.

Une de ces salles étoit destinée aux maladies externes, et mes malades étoient placés dans l'autre qui avoit la forme d'un T. L'église avoit été séparée dans le milieu de sa hauteur par un plancher, et formoit deux salles, l'une supérieure et l'autre inférieure. Celle-ci n'étoit point encore propre à

____

(1) Lorsqu'il y a de l'irritation, une grande douleur, etc., que la langue n'est point râle, la bouche très-pâteuse, je me suis toujours bien trouvé de l'usage modéré des narcotiques ; ils calmoient la

contenir des malades : l'autre étoit remplie par des fiévreux , et quoiqu'elle en renfermât un plus grand nombre que la première dont j'ai parlé , cependant la mort n'y entra pas , tant que j'y fis le service ; ce fut l'autre salle qui supporta toute la perte ; à la verité elle avoit bien moins de hauteur que celle de l'église , et elle étoit exposée au soleil du midi.

Cette différence de mortalité auroit pu servir à la malignité et à l'ignorance de motifs pour juger deux médecins qui auroient été chargés chacun d'une de ces salles ; les succès étant pour l'ordinaire la seule règle des jugemens qu'on porte sur la capacité des médecins, quoique ce ne soit pas toujours la meilleure, surtout quand on

---

douleur et permettoient à la maladie de se montrer avec son caractère naturel , et de suivre régulièrement ses périodes. *Rega de sympathiâ, c. 9, p. 108.* Mœhring, *obs.* 7. Hecquet, réflexions sur l'usage de l'opium , etc.

B 2

ne se donne pas la peine d'examiner si les succès sont constans. Cette remarque pourra peut-être paroître de peu d'importance ; mais quelque jour si elle servoit à un homme de mérite, de réponse à une sotte inculpation, je ne me reprocherois pas de l'avoir faite.

L'armée a quitté le camp de Rancennes, le 3 de juin, pour se rendre à Maubeuge. En changeant de position, elle n'a point changé de climats. Elle a trouvé à Maubeuge à-peu-près la même température, la même variation dans les jours sereins et chauds, et les pluies rafraîchissantes et quelquefois froides. Nous n'avons jamais eu quatre jours de suite le même ciel. Cependant le pays étant plus découvert à Maubeuge, et la saison de l'été s'approchant toujours davantage, la chaleur a été plus constante.

Le camp retranché que l'armée occupoit est dans une plaine séparée vers le nord de la ville de Maubeuge par un

ravin au fond duquel coule la Sambre ;
il n'est dominé par aucune montagne,
et s'il présentoit un peu plus de pente
pour faciliter le dessèchement du sol,
il seroit naturellement très-sain ; mais
pour conserver à ce camp toute la
salubrité dont il étoit susceptible, il
auroit fallu que l'on prît les précau-
tions nécessaires pour éloigner les miasmes de corruption qu'un grand rassemblement d'hommes produit bien vîte,
et qui ne manquent pas de devenir tôt
ou tard des germes féconds des maladies les plus graves. Cette négligence,
j'ose le dire, est d'autant moins par-
donnable que le camp dont je parle
étant un poste retranché nécessaire à
la défense de Maubeuge et conséquemment destiné à être occupé tant que la
guerre durera, on auroit dû y établir
une police sévère pour empêcher les
soldats de couvrir la terre de leurs
immondices, et pour défendre aux bou-
chers de laisser à la surface de la terre

B 3

le sang et les débris des animaux abat-
tus (1).

L'approche de ces émanations putrides a une influence si marquée, et
quelquefois si prompte sur les corps
animés, qu'un bataillon qui n'a été
exposé que peu de jours aux miasmes
des boucheries que le vent du nord-
ouest lui apportoit, a fourni, dans
moins de huit jours, au moins une
vingtaine d'hommes affectés de ce premier symptôme de scorbut connu soüs
le nom de stomacace, et si l'armée eût
resté plus long-temps dans ce camp,
et que le vent eût soufflé pendant quelque temps encore du même côté, le
sang et les débris des animaux qui
fournissoient ces miasmes, prenant
journellement un plus grand degré de
dissolution putride, je ne doute pas
que ce bataillon n'en eût été violem-

____

(1) Les propriétaires des terres n'auroient pas
eu le déplaisir de voir leurs récoltes traversées
en tous sens par les soldats, et dévastées sans
discrétion et sans nécessité.

ment incommodé , et nous aurions peut-être eu quelqu'épidémie grave à combattre.

Mais la température quoiqu'humide ne favorisoit pas la putréfaction autant que si elle eût été chaude en même temps , et la nature sablonneuse du sol imbiboient les dissolutions putrides presqu'aussitôt qu'elles se formoient. Cette absorption étoit encore favorisée par les pluies fréquentes qui entraînoient dans le sein de la terre les miasmes de la surface des corps qui se putréfioient. Ces lavages réitérés presque tous les deux ou trois jours , et qui plusieurs fois étoient très-froids , doivent avoir diminué l'évaporation putride , et s'ils augmentoient la disposition catharrale , ils éloignoient d'un autre côté les germes des maladies putrides qui sont en général beaucoup plus dangereuses.

Ainsi nous n'avons eu guères à combattre que des affections du genre catharral. Je répéterois ce que j'ai dit plus haut , si je voulois décrire les maladies qui se sont présentées à Maubeuge. Elles n'ont été qu'une continuation de celles de Givet. Je ferai seulement remarquer qu'à Maubeuge les crises ont eu une tendance encore plus marquée vers les sueurs. Elles venoient alors naturellement , et il n'étoit pas aussi nécessaire de les exciter que précédemment.

Cette tendance étoit — elle l'effet de la maturité, si j'ose parler ainsi de l'épidémie ? ou bien n'étoit — elle que le produit de l'impression plus forte de la température chaude ? (1) peut-être que ces deux causes ont concouru pour opérer ce changement; mais ce qui me porte à croire que cette dernière cause y a contribué , c'est que les maladies qui ont été les plus fré-

____

(1) *Quando æstas fit neri similis , sudores in febribus copiosos expectare oportet.* Hipp. Aph. 6, § 3.

quentes sont précisément celles dont
la sueur est la crise la plus ordinaire
et souvent même la seule vraiment
critique : telles sont les fièvres inter-
mittentes, les synoques simples, les
douleurs de poitrine , etc. Comment
donc pourroit-on adopter le sentiment
de ces médecins qui rejettent toute
influence de la température atmos-
phérique sur les maladies ? Comment
s'en rapporter à leurs assertions, quand
on voit tous les médecins depuis Hippocrate jusqu'à nos jours, et les plus
célèbres praticiens surtout regarder les
variations de l'atmosphère comme des
causes au moins secondaires des altéra-
tions de l'économie animale. Et s'il est
vrai que quelques modernes aient attaché à cette doctrine une importance
trop minutieuse, c'est leur jugement
qu'il faut blâmer, rectifier ; mais il
n'en sera pas moins constant que
l'homme jouit d'une santé meilleure
et d'une plus longue vie sur un cô-

teau que dans un terrain marécageux,
à la campagne que dans les grandes
villes, dans un air tempéré, serein et
renouvelé qu'au sein des brouillards,
des pluies continuelles, des alternatives
fréquentes du chaud et du froid.

Le nombre des malades fut à-peu-
près dans la même proportion qu'à
Givet ; mais les blessés furent bien
plus nombreux à cause de plusieurs
combats qui eurent lieu dans le mois
de juin. L'armée s'étant portée ensuite
sur Montmédy et Longwy, les malades
allèrent toujours en diminuant à notre
ambulance, et je reçus ordre de me
rendre à Marville près Montmédy au
quartier-général. A mon arrivée, ma
destination étoit déjà changée, et je
partis pour Valenciennes, parce qu'a-
lors le commandement de M. Lafayette
s'étendoit depuis Montmédy jusqu'à
Dunkerque, et qu'il paroissoit nécessaire de remplacer l'ambulance de

l'armée de Lukner (1) qui étoit encore à Valenciennes.

Valenciennes est située en grande partie dans un enfoncement où coule l'Escaut ; la partie orientale seule s'élève un peu et domine le reste de la ville ; les trois autres parties, et la septentrionale surtout, sont sans cesse exposées aux vapeurs aqueuses et malsaines d'une rivière presque toujours bourbeuse, qu'entretient encore l'humidité du sol ; c'est pourquoi les rues sont presque toujours couvertes d'une boue liquide et noire, à cause des débris du charbon de terre qu'on y charrie continuellement pour les usages domestiques. La négligence de balayer souvent les rues et d'en enlever les boues, les laisse accumuler au point d'être fort incommodes et fort nuisibles

____

(1) L'armée du Nord, commandée par Lukner, changea de nom et de position avec celle du Centre, à laquelle j'étois attaché.

B 6

à la santé ; aussi l'usage de porter des sabots est-il très - répandu ; cette précaution est sans doute bonne, pour garantir les pieds de l'humidité puante qui pénétreroit les souliers; mais elle ne détruit pas une cause d'insalubrité sans doute plus dangereuse qui provient de l'émanation putride de ces mêmes boues, laquelle est d'autant plus considérable que les matières qui la fournissent, sont à chaque instant remuées et présentent plus souvent une nouvelle surface.

Les causes permanentes d'humidité et de corruption qui imprègnent annuellement l'atmosphère, ont encore été augmentées cette année par les pluies presque continuelles dont nous avons été inondés.

En examinant ces causes de maladies, il eut été naturel de choisir, pour l'emplacement de l'ambulance, un local sec dont l'air pût être renouvelé facilement, assez spacieux pour contenir, s'il étoit possible, un nombre de malades plus grand que l'on ne présumoit en recevoir, qui présentât une espace sec et airé pour servir de promenade aux malades, dont l'eau, si indispensable surtout dans un hôpital, fut saine et facile à se procurer, enfin où toutes les parties du service pussent être exécutées facilement et commodément; et l'on fit précisément le contraire. L'hôpital général situé dans la partie la plus déclive de la ville, qui n'offroit aucune facilité pour le service, fut choisi pour cet établissement; une partie de l'aile droite de ce vaste bâtiment toute entourée de maisons ou édifices aussi élevés qu'elle, dont les murs épais et les pavés de pierre et de brique, conservoient l'humidité, devint l'asyle des malades. Six salles voûtées d'une trentaine de pieds en carré chacune, un grand corridor appuyé sur ces six salles et n'ayant de fenêtres que d'un côté; une autre salle sous les mansardes, contenoient environ 35o lits : excepté la salle des mansardes , il n'étoit possible d'aérer les autres que d'un côté ; aucune cheminée ne facilitoit un courant d'air , et la tisanne n'y pouvoit être chauffée qu'au moyen de réchauds entretenus par du charbon de terre.

Comme il n'y avoit point de latrines à la proximité , les malades se servoient de chaises percées d'une mauvaise fabrication , qui répandoient dans les salles l'émanation, infecte des déjections, ce qui devint encore plus dangereux quand les diarrhées et les dyssenteries furent plus communes. La mal-propreté entretenue par les infirmiers , non-seulement à l'entour de ces garde-robes , mais encore sur tous les autres objets de propreté, augmentèrent l'infection en révoltant à la fois tous les sens. L'eau qui servoit à la boisson et aux autres besoins des malades étoit pompée d'un puits qui recevoit des urines et autres immondices ; il étoit impossible de la flairer sans le plus grand dégoût, et la cuisson, bien loin de la rendre meilleure, l'empiroit encore en rapprochant et en concentrant les particules qui l'infectoient ; tisannes, médicamens, alimens, tout fut préparé pendant long-temps avec ce poison, et le malheureux malade en étoit abreuvé et le retrouvoit sous toutes les formes. Plusieurs fois même, après qu'il fut expressément défendu de puiser à cette pompe, les infirmiers y puisoient par paresse et à la dérobée pour s'épargner quelques pas. A l'entrée des salles, sur le carré de l'escalier, on avoit placé deux baquets remplis d'eau, dans lesquels on mettoit macérer les linges qui avoient servi aux pansemens ; et l'on conçoit quelle infection il en devoit sortir, pour peu qu'ils y séjournassent.

Tant de causes d'insalubrité ne pouvoient qu'avoir une grande influence sur les malades qui s'y trouvoient ex-

posés : aussi toutes les maladies y pre-
noient un caractère de malignité qu'il
étoit impossible à l'art d'éviter ; le seul
remède eût été de détruire ces causes,
et si elles ont trop long-temps duré,
ce n'a pas été la faute de mon confrère Dollé, ni de la mienne.

Les rechutes ont été très-fréquentes
(1) dans cet hôpital; j'ai vu même
des malades en éprouver jusqu'à trois.
Les flux de ventre et les fièvres malignes y ont été le plus exposées ; plusieurs diarrhées même n'ont pu s'y
guérir; les convalescences étoient longues et pénibles, souvent reculées par
de nouveaux accidens quelquefois pires
que les premiers. Pour faciliter la convalescence je me suis vu forcé d'enga-
ger les malades à se promener et à res-

---

(1) *Qui ex longo morbo sese recolligentes,*
cibum bené sumunt ac nihil proficiunt, reci-
dunt in morbum malignè. Hipp. coac. l. 1,
cxxix. Aph. 8 et 10, § I.

pirer l'air extérieur le plus souvent et le plus long-temps qu'il leur seroit possible ; je savois bien qu'ils en abuseroient, et que la plupart d'entre eux ne manqueroient pas de profiter de cette occasion pour commettre des erreurs dans le régime, malgré mes recommandations et les craintes que je tâchois de leur inspirer ; mais encore je préférois ce mal qui ne pouvoit être dangereux tout au plus qu'à un petit nombre d'individus, plutôt que de les tenir renfermés dans un air qui auroit sans doute été funeste à tous. Qu'il est douloureux pour un médecin qui aime les hommes, de voir périr ses malades parce qu'ils sont dans un local plutôt que dans un autre !

Les maladies qui se sont montrées le plus fréquemment, ont été des fièvres tierces et continues, des douleurs de poitrine et des affections rhumatismales, des fièvres putrides et malignes, beaucoup de flux de ventre quelquefois

sanguinolens , avec ou sans fièvre.
Après la lecture des ouvrages de Prin-
gle , je m'attendois à voir régner continuellement la dyssenterie dans nos
ambulances. Ce savant observateur regarde cette cruelle maladie comme eu-
démique dans tous les camps. Cependant je n'ai pas observé qu'elle eût ré-
gné épidémiquement , excepté vers
la fin de l'automne où elle m'a paru
plus fréquente, car je ne regarde point
comme dyssenterie épidémique ces flux
quelquefois sanglans et souvent colli-
quatifs qui surviennent aux synoques
putrides ou à tant d'autres maladies,
et qu'on ne peut regarder que comme
de vraies métaptoses. Hippocrate a remarqué ces changemens , et même il
a reconnu le signe qui mène à leur pronostic. » *Oculorum rubor*, dit-il , *in
febre ortus aut absque febre diutur-
nam alvi malignitatem significat* »
aussi de tous ceux qui ont eu ce signe,
les uns ont péri, et les autres n'ont ré-

Coac. c. vj,
l. ij , § v.

cupéré une santé débile qu'après une convalescence lente et calamiteuse.

Le traitement de ces maladies m'a offert peu d'observations dignes de remarque, et qui ne se trouvent pas dans les bons auteurs, mais surtout dans Hippocrate. Tous les jours j'apprends, avec admiration, à apprécier ce grand génie, et à me prosterner devant ses divins écrits. Il n'est pas concevable comment un homme seul a pu faire autant et d'aussi judicieuses observations, et si les hommes savoient apprécier les choses et les personnes par l'utilité qu'elles leur procurent, il n'y auroit pas une place publique qui ne fût décorée de la statue de ce grand homme.

Parmi les observations que je n'ai faites que pour moi, j'en trouve une que je dois cependant citer.

Un soldat arrive à l'hôpital avec tous les symptômes d'une synoque bilieuse; il avoit une espèce de tremblement de Obs. X.

tous ses membres, et la langue trem-
bloit aussi quand il la sortoit de sa
bouche. Les délayans et les laxatifs
avoient un peu diminué l'intensité de
la fièvre, et surtout la grande sécheresse de la peau. Environ le huitième
jour après son arrivée, je le vis à ma
visite du matin ; sa maladie me paroissoit courir franchement ses périodes,
et je ne remarquois rien d'extraordi-
naire. A peine je l'avois quitté, que
l'infirmier courut à moi en me disant
que ce malade se mouroit ; j'accours,
je le vois dans des mouvemens con-
vulsifs très-forts, avec perte de connoissance, le visage pâle, et les yeux
fermés, un peu d'écume sortoit de sa
bouche, mais les mains n'étoient pas
fermées. Au premier aspect je crus le
malade perdu, je lui touchai le pouls.
Loin de le trouver comme un pouls de
moribond, il étoit grand, souple, dé-
veloppé, excepté vers l'apophise ra-
diale où l'artère se terminoit en pointe

et s'enfonçoit, et les pulsations avoient
des intermittences fréquentes. A peine
je disois à ceux qui entouroient le malade et qui le croyoient à l'agonie, qu'il
ne mouroit pas, qu'il rendit avec beaucoup de borborygmes une selle des plus
copieuses et d'une matière critique. Il
revint bientôt à lui, je lui fis réchauf-
fer le visage et les extrêmités qui étoient
très-froids; je soutins les forces par
des cordiaux. Le lendemain je le trouvai
assez fort pour être purgé; dès ce moment il entra en convalescence parfaite,
et sans quelques erreurs de régime, sa
convalescence auroit été très-courte.
Le malade auparavant sa maladie n'a-
voit jamais éprouvé de pareilles secousses nerveuses, très-semblables à
l'épilepsie, et tant que je le gardai à
l'hôpital, il n'en fut point affecté.

Après l'abandon précipité du camp
de Maulde, une grande partie des troupes s'étant portée vers Ste Menehould,
pour s'opposer aux prussiens, les ma-

lades diminuèrent beaucoup dans notre ambulance. Dans ce temps les armées ayant changé de généraux, et me trouvant éloigné de l'ambulance dont je faisois partie, il s'en forma une autre à Valenciennes pour l'armée commandée par le général Dumourier, et j'y fus employé. On m'envoya à Cambrai pour veiller sur le service des hôpitaux, et principalement sur celui de l'hôpital St. Sépulchre qui renfermoit quatre à cinq cents vénériens ou galeux.

Toutes les personnes qui ont eu du service dans les hôpitaux militaires, connoissent les désagrémens que l'on éprouve avec cette espèce de malades. Combien ces désagrémens n'étoient-ils pas augmentés depuis, où un grand nombre de soldats se croyoient en droit de ne pas obéir, et de ne respecter personne. Les officiers qui ont voulu établir chez ces malades l'ordre et le bien de la chose, ont vu les désagrémens d'autrefois, se changer, dans ce moment, en vrais dangers pour eux, et ont été contraints de se plier à beaucoup de fantaisies et d'exigeances. Outre que le bien du service y perdoit, et que la guérison se prolongeoit, ces fantaisies augmentoient de beaucoup la dépense du traitement. Par exemple les galeux ont exigé du vin en proportion de leurs alimens, et cela d'une manière à ne donner envie à personne de leur résister.... Je suis assuré qu'il n'est pas sorti un galeux de cet hôpital qui n'ait coûté à la République au moins quarante francs, tandis que les chirurgiens-majors auroient pu et auroient dû les traiter à un bien moindre prix.

Pour les vénériens, comme leur maladie est plus grave, ils sont plus traitables du moins dans les commencemens, car quand ils atteignent la fin de leur guérison, ils ne sont pas plus raisonnables que les galeux. Il seroit bien à désirer qu'on trouvât un moyen de diminuer cette maladie parmi les troupes. Ils sont déjà punis de leurs débauches, *in cute*, si on pouvoit encore les faire payer *in œre* , je pense que ce moyen en diminueroit le nombre. Un vénérien induit, par sa faute, et l'on peut dire par sa volonté, l'état à une dépense ; il paroîtroit donc juste de la lui faire supporter au moins en partie. Chaque soldat a une masse qu'il acquiert par son service , et qui lui est remise quand son engagement est fini. Or , comme la maladie qu'il a gagnée en s'exposant volontairement, a suspendu pendant un temps plus ou moins long le service qu'il s'étoit engagé à remplir , il seroit de toute justice de lui retenir son salaire pendant autant de jours qu'il ne l'a point gagné. Le soldat calcule ses intérêts tout comme un autre , et très-certainement cette punition en arrêteroit plus d'un (1).

La ville de Cambrai présente , tant

____

(1) Thunberg dit qu'en Hollande , le soldat est traité gratis dans les hôpitaux , excepté pour la vérole. *Voy. au Japon* , *t. 1* , *p. 141-151.*

.par

par sa position topographique que par
ses couvens abandonnés, les plus grandes ressources pour y former des établissemens de santé, spacieux et sa-
lubres. Aucune autre ville des environs, n'offre ni un air aussi sain, ni
des emplacemens aussi multipliés, et
aussi propres à établir des hôpitaux
ambulans. J'ai fait connoître tous ces
avantages, j'ai proposé des vues qui
sans doute auroient été utiles aux soldats et à la République, mais je ne
sais quelles réclamations puériles de la
part de la ville en ont empêché l'exé-
cution.

Cambrai est placé sur un amphithéâ-
tre tourné vers l'occident, et qui s'é-
tend depuis l'Escaut jusqu'à la citadelle
placée au sommet. La pente qu'ont
presque toutes les rues, excepté les
transversales, les rend beaucoup moins
boueuses qu'à Valenciennes; elles sont
pour la plupart bien ouvertes, l'air y
est sain et bien moins humide que dans

plusieurs villes de la Flandre : l'Escaut étant plus près de sa source , charie des eaux plus transparentes et plus pures, et celles qui servent aux usages de la vie , quoique fournies par des puits , sont assez légères et sans aucun goût ; les comestibles y sont pour le moins à aussi bon compte que dans toutes les villes voisines : le chauffage seul y est plus cher.

Il y avoit dans cette ville trois établissemens de santé, l'hôpital sédentaire sous le nom de St.-Jean , et deux ambulans. Le premier est situé près de la citadelle, dans la partie la plus élevée de la ville ; il est dirigé par des ci-devant religieuses. Les salles des malades font la plus petite partie de l'établissement ; la plus grande de toutes est un bâtiment ayant la forme d'une petite église , au bout de laquelle est la chapelle : elle peut contenir environ 180 malades , placés dans cinq rangs de lits , outre le pourtour formant alcoves , destiné à recevoir les pauvres habitans malades pour lesquels les lits avoient été fondés. Les malades ainsi entassés respireroient sans doute un bien mauvais air , sans la très-grande élévation de la salle ; et il faut le dire , sans la propreté que les sœurs y entretiennent. C'est une justice que je leur rends avec d'autant plus de plaisir , que je suis tous les jours indigné de la coupable négligence des infirmiers à cet égard , et c'est ce qui me fait désirer qu'on emploie dans nos hôpitaux pour assister les malades , plutôt des femmes que des hommes ou au moins par moitié.

Dans un hôpital , c'est-à-dire dans un établissement destiné au soulagement de l'humanité , nulle considération ne peut tenir contre un moyen qui tend à remplir mieux un but aussi respectable : or, il n'est pas douteux que le service des femmes auprès d'un malade est cent fois préférable à celui d'un homme ; la prétendue indécence qui en résulte ne peut être crue que par ceux qui ne connoissent pas l'intérieur des hôpitaux militaires; d'ailleurs il me paroîtroit fort singulier que ce fût dans notre nation qu'on trouvât cet usage indécent , tandis que d'autres nations qui ont encore des mœurs sévères ; bien loin de le regarder de même , l'étendent autant qu'elles peuvent à tous leurs établissemens de santé. C'est Jean-Jacques Rousseau, le peintre de la pudeur et de la vertu , qui a dit : *le zèle de la charité vaut bien la modestie.* Qu'elles seroient vénérables ces femmes , si l'amour et le soulagement des malheureux les avoient seuls déterminées à prononcer leurs vœux , et si , ne s'écartant pas de leurs instituts, elles s'étoient bornées au pénible, mais respectable rôle d'infirmières ! Quatre ou cinq autres petites salles à l'autre bout du bâtiment, et séparées de la première par un vaste corps-de-logis , étoient destinées aux maladies externes.

Le second de nos établissemens étoit à St.-Sépulcre ; c'est un bâtiment qui présente des facilités pour le service, et qui est capable de contenir 500 malades ; il renferme une grande cour et des jardins ; mais ce local, très-bon pour le service auquel il étoit destiné, auroit besoin de quelques changemens pour le rendre propre à recevoir des fiévreux ou des blessés. Il est situé sur le bord méridional de la ville et il est parfaitement bien aéré. Le service y étoit en souffrance à cause du peu de chirurgiens qui y étoient employés ; deux chirurgiens devoient être surchargés par la besogne que donnoient journellement quatre cents malades au moins.

Les fiévreux abordant toujours à Cambrai, et l'hôpital sédentaire étant rempli, je les fis placer à St.-Julien, autre hôpital de sœurs. Des fournitures prises dans les maisons des émigrés, mirent à même de former ce nouvel établissement. Une salle construite comme celle de St.-Jean et qui sert de passage de la rue dans l'intérieur de la maison, fut remplie par 70 ou 80 lits, sans compter ceux des alcoves du pourtour, occupés de même qu'à St.-Jean, par des habitans malades ou infirmes. Cette salle est le seul séjour des malades dans cet hôpital, dont elle fait tout au plus la quatrième partie; le corps de logis est, je crois, encore plus considérable qu'à St.-Jean. Quand on considère la construction des hôpitaux de sœurs, principalement en Flandre, on voit avec peine que le soulagement et l'assistance des malheureux ne paroît être que le motif apparent de leur établissement, et que l'aisance et une retraite assurée en est le véritable but.

Je pris le service de cet hôpital, et je m'occupois de le mettre sur un bon pied et d'en éloigner les abus, car il est plus facile de les empêcher de naître que de les détruire, pour peu qu'ils ayent pris racine. Pendant cette occupation, ma présence ayant été jugée plus nécessaire à Mons qu'à Cambrai, je reçus l'ordre de partir : je remis le service de mon nouvel établissement à mon confrère, le citoyen Courtin, qui, malgré son grand âge, avoit conservé la gaîté èt l'agilité de sa jeunesse, ainsi que la fraîcheur de ses idées, et je me rendis à Mons, le 20 de novembre.

Mons, capitale de cette partie de la Belgique, connue ci-devant sous le nom de Hainaut autrichien, est une grande ville passablement bien ouverte, située en grande partie sur une élévation dont elle a pris le nom, et où se trouvoit autrefois un château fort. Tout à l'entour de cette montagne s'étendent beaucoup de rues dans un terrein applati et environné d'eau dans toute sa circonférence. Deux petites rivières, la Haine et la Trouille, coulent, l'une au

nord , l'autre à l'ouest , et se joignent
un peu plus bas que Mons. Le terrein
des environs est un peu aquatique, ce
qui l'a fait laisser en friche ; la petite
rivière de Trouille entre dans la ville
au sud-est , et en sort au sud-ouest ,
en embrassant, dans une anse, une petite portion de la ville.

C'est au sud-est de cette partie de la
ville , que se trouve l'hôpital militaire :
sur la gauche d'une vaste cour est un bâtiment élevé de quelques marches , au-
dessus du rez-de-chaussée et appuyé
sur la rivière ; il est composé de quatre
salles dans le bas, et de quatre autres
au-dessus ; chaque salle peut contenir
à-peu-près 40 lits, c'est-à-dire environs 300 pour les huit. Au fond et tout
alentour de la cour, se trouvent plusieurs corps-de-logis destinés pour les
différentes parties du service ou pour
loger les employés.

Les salles du bas comme plus com-
modes pour les blessés leur ont été

consacrées, les fiévreux ont occupé les quatre du haut. Deux de ces salles sont plafonnées, les deux autres sont sous le toît.

La saison de l'automne qui est ordinairement belle et sèche dans la plupart des départemens septentrionaux de la France, conserva cette année le même caractère que les saisons qui l'avoient précédée. Des pluies fréquentes, quelques beaux jours, mais qui ne furent jamais en assez grand nombre pour ressuyer la terre imbibée depuis si long-temps, se partagèrent inégalement les mois de septembre et octobre. Les fruits mûrirent mal et étoient sans saveur, les moissons retardées et difficiles à récolter, à peine trouvoit-on le moment de faire les semailles, le vent souffla presque constamment de l'ouest et quand il tournoit vers le nord, il devenoit fort incommode. La fin de novembre fut cependant froide, et comme la constitution annuelle étoit éminemment pluvieuse, ce furent des neiges qui amenèrent les premiers froids. (1)

Lorsque je pris le service de cet hôpital, on n'y comptoit pas deux cents malades, quelques fièvres d'accès et des fièvres putrides et vermineuses, beaucoup d'affections de poitrine, peu de flux, des douleurs rhumatismales étoient les maladies du plus grand nombre. Les affections de poitrine ont été fort opiniâtres, et quoiqu'en général elles ne fussent pas fort dangereuses, cependant elles devinrent funestes aux malades dont la foiblesse naturelle ou acquise des organes de la respiration favorisoit leur engorgement. Dans ces dispositions fâcheuses, ni les béchiques incisifs, ni les sudorifiques, ni les vésicatoires ne produi-

____

(1) La gélée a commencée dans la nuit du 23 au 24 novembre; et du 27 au 28, la neige est tombée.

soient de bons effets, et le malade étoit lentement traîné vers sa destruction, sans, pour ainsi dire, s'en appercevoir, excepté dans les derniers jours que l'engorgement augmentant, la toux et la respiration devenoient difficiles et fatigantes. Seroit-il déraisonnable de regarder ces affections comme des péripneumonies lentes ? Les remèdes qui m'ont le mieux réussi en pareil cas ont été les vomitifs et les incisifs salins et les boissons béchiques prises très-chaudes. Les anodins que je n'ai essayés que quand le malade ressentoit beaucoup de douleurs m'ont paru évidemment inutiles ou nuisibles. L'opiniâtreté de ces rhumes étoit probablement encore entretenue par les vapeurs du charbon de terre qu'on brûloit dans les salles. Plusieurs de ces affections de poitrine ainsi que des douleurs rhumatismales se sont terminées par des suppurations dans l'oreille. La fièvre putride a presque toujours

été accompagnée de symptômes ver-
mineux. Cette terrible et hideuse maladie n'a pas été heureusement fort
multipliée ; mais elle a été sujette à
récidiver , et alors elle est devenue
presque toujours mortelle , parce que
les malades n'avoient plus assez de
force pour soutenir un nouveau travail. De deux malades qui refusoient
presque tous les remèdes, un est mort ,
Obs. XI et XII. et l'autre a essuyé une tumeur de la
cuisse et de la jambe , etc. Le kina
allié au lait m'a été d'un grand secours ,
principalement dans les convalescences, et ramenoient les forces en facili-
tant les digestions.

Obs. XIII. Dans les derniers jours de novembre
la variole est survenue à un homme
qui avoit déjà des accidens vénériens.
La petite vérole a été extrêmement
bénigne, et les boutons si beaux qu'ils
auroient pu fournir de la matière pour
inoculer, si d'ailleurs le sujet avoit été
sain. Il a été le seul attaqué de cette

maladie, et elle ne régnoit point dans la ville (1).

Un volontaire belge me fournit une observation que je crois digne d'être connue. Il avoit eu une érysipèle à la face et aux jambes, qui étoit pres-qu'entièrement disparue, lorsque je pris le service. A ma première visite, je l'examinois et je lui trouvois la peau sèche, aride et comme crayeuse, le corps amaigri et les yeux d'un phtisique. Il se plaignoit de défaillance et demandoit à manger; mais il avoit une petite fièvre qui redoubloit pendant la nuit; les jambes étoient un peu tumé-fiées, et il lui étoit sorti plusieurs pus-tules aux environs des yeux et dans d'autres parties du corps. Ces trois symptômes sont mis par *Hippocrate* (2) dans le nombre des signes qui

---

(1) Les symptômes vénériens assoupis reparu-rent après la terminaison de la variole.

(2) *Si febris non dimittit.... et in pedibus*

annoncent une suppuration interne et déjà existante, il est vrai qu'il y joint l'inappétence. Quoique le malade demandât à manger, je suis cependant assuré qu'il n'en sentoit pas le besoin ; car lui en ayant accordé, et en petite quantité, j'en trouvai le jour même plus de la moitié sur sa planche. Le lendemain à ma visite, ce malade se plaignit d'une grande douleur au côté, sur les muscles, pectoral et grand dentelé. J'y apperçus de la rougeur et je crus que la nature vouloit y former un abcès. Je cherchai à le favoriser en y faisant appliquer une décoction émolliente, et je prescrivis le kina et l'infusion de camomille. D'ailleurs le malade étoit toujours dans le même état de foiblesse, le pouls étoit pour cette raison fort peu fébrile. Aussitôt que j'approchai de son lit, le lendemain

---

tumores fiunt et cibos non appetunt et pustulae per corpus enascuntur. Prænot. l. ij.

matin , je remarquai une tumeur de la grosseur d'un œuf de poule placée au-dessus du sourcil droit, et en cherchant à reconnoître la nature de cette tumeur, je vis avec la plus grande surprise qu'elle s'étendoit sous le cuir chevelu dans toute la surface supérieure de la tête jusqu'à l'occiput et presque de l'une à l'autre oreille dans la grandeur à-peu-près de la forme du chapeau. Les tégumens étoient soulevés de plus d'un pouce et la matière qu'ils renfermoient étoit si fluide , qu'au moindre mouvement du malade, on la voyoit flotter et se porter vers la partie la plus déclive. Le côté n'étoit presque plus douloureux.

Étonné vraiment, et de la promptitude de la formation de cette tumeur, et de la grande quantité du fluide qu'elle présentoit, j'hésitai quelque temps sur le jugement que je devois porter, de la nature de l'humeur qui formoit la tumeur, comme elle étoit

très-fluide, que les tégumens ne paroissoient point du tout affectés d'in-
flammation, et qu'ils n'étoient pas plus
sensibles que dans l'état naturel, il
étoit possible de croire que cette col-
lection étoit purement aqueuse; mais
d'un autre côté, quand je me rappelois tous les signes de suppuration que
j'avois remarqué précédemment, je ne
pouvois m'empêcher de penser que ce
fluide ne fût du pus.

Dans cet état des choses, comme ce
malade demandoit des soins chirurgicaux suivis, et que je connoissois,
parce que j'ai vu arriver dans presque
tous les hôpitaux où j'ai fait le service, combien la partie chirurgicale
est négligée dans les salles des maladies internes, je crus devoir faire
transporter mon malade dans une salle
de maladies externes, me promettant
cependant de le suivre pour ma propre satisfaction. Je priai un chirurgien
aïde-major chargé du service de venir

voir mon malade, et de conférer avec moi sur son état.

Le résultat de notre entretien fut qu'il falloit ouvrir ce dépôt pour donner issue à la matière qu'il renfermoit. Le pus qui en sortit parut fort louable au premier aspect, mais après qu'il eut été exposé à l'air pendant quelques heures il prit une odeur putride et une couleur verdâtre. Sa quantité étoit à-peu-près de deux pintes de Paris. Le malade fût soulagé après l'opération. Le pouls, quoique débile, se soutenoit pourtant, et l'appétit sembloit renaître. Le lendemain on lui fit prendre l'émétique, il en fut évacué; il mourut le deuxième jour après. Cet homme étoit dans un état de foiblesse et de marasme qui, à la vérité, laissoit peu d'espoir.

Les autres observations que ma pratique dans l'hôpital de Mons m'a présentées, n'ont rien d'assez saillant pour être rappportées.

Notre armée faisant toujours des progrès dans la Belgique , je reçus des ordres de la suivre et de remettre mon service entre les mains du citoyen Coste fils , avec qui je l'avois partagé jùsqu'alors. Les amis des sciences , et tous ceux qui l'ont connu, ont eu la douleur de perdre, quelque temps après., cet intéressant jeune homme, trop tôt enlevé par une mort prématurée , et au commencement d'une carrière qui promettoit tant de succès. Ma destination étoit pour Louvain , où l'hôpital ambulant se trouvoit sans médecin, et j'y arrivai le 7 de décembre. Le jour de mon arrivée je pris le service des mains du citoyen Ferari , chirurgien-major du 1.er bataillon des Côtes-du-Nord.

Si l'on jugeoit de la grandeur ancienne de Louvain , par l'enceinte que cette ville conserve encore, et par ce que les habitans en racontent , on pourroit la comparer aux plus grandes villes, car elle a plus de deux lieues de circonférence, et sa forme est à-peu-près circulaire. Mais les habitations qui la composent actuellement, ne couvrent pas le quart de cette superficie, et tout le reste est cultivé en jardins ou distribué en terres de labour. La ville n'occupe pas le centre de son enceinte, mais seulement la partie occidentale qui s'étend en pente plus ou moins roide sur les bords de la petite rivière de Dyle, dont le courant se distribue en plusieurs branches, et coule assez rapidement. Cette position en pente ne l'empêche pas d'être très-humide et très-boueuse, soit par la nature de son sol, soit plutôt par le peu de soin que l'on a de balayer les rues ; car autant les habitans sont propres dans l'intérieur de leurs maisons, autant ils sont négligens pour les objets de propreté et de police publiques. Il est difficile de concilier cette négligence qu'on remarque dans toutes les

villes de Flandres, du moins dans celles que j'ai habité s ou parcourues, avec
ce goût naturel, et cet extrême soin
des flamands pour rendre leurs maisons
aussi propres qu'il est possible ; car on
pourroit dire que chez eux ils pous-
sent la propreté à l'excès.

Si c'est un spectacle dégoûtant pour
un médecin qui sait apprécier l'influence de la propreté sur la santé, de voir
dans une grande partie de la France les
maisons des citoyens même aisés ressem-
bler plutôt à des repaires d'animaux
immondes, qu'à des habitations hu-
maines; combien ne doit-il pas voir
avec plaisir un pays, où la propreté
des logemens semble être l'occupation
la plus importante. Il ne se passe pas
de semaines que les planchers ne soient
lavés au moins une fois, et l'on ne
souffre aucune immondice dans l'intérieur des maisons. On ne sauroit nier
que cette coutume contribue puissam-
ment à la santé. Cependant il est cer-

tain aussi que ces lavages trop fréquens entretiennent une atmosphère toujours humide, et qu'à cet égard ils peuvent être nuisibles. Il est vrai qu'on obvie à la trop grande humidité, en couvrant les planchers d'une très-légère couche de sable fin dont les molécules imbibent l'humidité et la font évaporer plus promptement, en présentant plus de surface que les planchers ou les pavés.

En outre, le sable ainsi répandu a aussi l'avantage, au moyen de ses aspérités et du foulement des pieds, d'enlever toutes les malpropretés tenaces qui s'attachent et s'incrustent pour ainsi dire dans les planchers. Ces considérations m'ont déterminé à faire usage de ces moyens dans nos hôpitaux. Je l'ai proposé pour l'hôpital de Thionville dont j'étois alors le médecin, et je puis dire que je m'en suis bien trouvé. Je ne lui ai reconnu jusqu'à présent aucun inconvénient; et cet

usage devroit se répandre plus généralement, surtout si au lieu de planchers qui ont de grands désavantages,
on pavoit de briques toutes les salles
des hôpitaux.

Le sol des environs de Louvain est
sablonneux dans les hauteurs, et glai-
seux vers les bords de la rivière sur
laquelle cette ville est placée. Son ex-
position, d'ailleurs, la présente à tous
les vents, mais surtout à ceux de
l'Ouest et du Nord qui venant de la
mer, ne peuvent pas dessécher une
atmosphère naturellement humide. Les
maladies les plus fréquentes doivent
donc être le plus souvent du genre re-
lâché et putride. Cette constitution a
dû se développer davantage en 1792,
puisque cette année a été sans contredit une des plus humides. Aussi la plupart des maladies que j'ai traitées dans
l'hôpital ambulant de Louvain, ont été
produites, ou par un levain putride et
par l'engeance vermineuse, ou occa-

sionnées par une humeur aqueuse et indolente.

Des érysipèles, des tumeurs au col, des suppurations aux oreilles, des esquinancies, des diarrhées, des fièvres de tête, et des exanthèmes se sont montrées très-fréquemment (1). Quelques érysipèles de la face et qui s'étendoient au cuir chevelu, sont devenues mortelles vers le mois de Janvier.

J'ai observé une esquinancie gangré- Obs. XV. neuse ; elle étoit accompagnée d'une efflorescence sur la surface de la peau, principalement du cou, et de la poitrine sur laquelle elle ne s'élevoit presque pas : seulement au toucher l'épiderme sembloit raboteuse. Voici quels

---

(1) *Quoties in sanguinis aut humoris nervosi massa, aliquid extraneum intimè confusum continet, quod nec sudore difflabile, nec per urinas facilè amandatur, illud saepissimè cum serosâ colluvie circà os defigitur ; undè affectus catarrhales, tumores et sputationes molestae cientur.* Willis de febr. c. x.

étoient les symptômes de cette maladie : la respiration profonde et pénible, la déglutition très-difficile pour
ne pas dire nulle, la fièvre ardente,
la peau brûlante, une grande anxiété,
le malade ne voulant ou ne pouvant
pas répondre, une toux sèche, et cependant un écoulement considérable de
salive gluante, et une grande prostra-
tion de forces. Le malade jettoit le
corps fort en arrière comme dans l'o-
pithotonos, mais il n'y étoit pas forcé,
c'étoit sans doute parce que cette position lui convenoit le mieux : malgré
les saignées, les vésicatoires et l'émétique, le malade est mort le troisième
jour dans l'assoupissement, la langue,
les dents et les lèvres recouverts d'une
croûte noire comme dans la fièvre putride qui régnoit alors.

Obs. XVI
et XVII.
    J'ai vu mourir deux malades avec
des symptômes qui ne me faisoient pas
juger leur mort à beaucoup près aussi
prochaine qu'elle l'a été, et je confesse

fesse de bonne foi qu'il ne m'est pas possible de caractériser leurs maladies. Voici ce qu'ils m'ont offert en les observant avec attention. La peau étoit froide, l'œil souffrant, la langue froide, blanchâtre, sans être chargée, la couleur des lèvres tirant sur le violet, le pouls foible et intestinal, de l'abattement, des coliques qui, sans être violentes, tourmentoient beaucoup; la respiration étoit bonne, quoiqu'un peu profonde; le ventre étoit peu sensible au toucher; point de soif; le malade étoit lent à répondre, et se tenoit sur ses genoux, la face posée sur l'oreiller, sans vouloir changer de position. Le premier malade resta une nuit dans cette attitude, et mourut le matin du troisième jour de son entrée (1). Le second ne fut pas plus long-temps malade. Le voyant affecter cette même position, et atteint des mêmes symptô-

____

(1) Environ 36 heures après.

D

mes, je jugeai sa mort très-prochaine, et je ne me trompai pas. Les lavemens émolliens et purgatifs, les potions calmantes et légèrement spiritueuses, les fomentations sur le bas-ventre n'opérèrent aucun bien. J'aurois bien voulu pouvoir examiner après la mort les parties affectées, mais cela ne me fut pas possible. Je n'aï pas su si ces hommes avoient été malades long-temps avant leur entrée à l'ambulance.

De toutes les maladies que j'ai traitées pendant les mois de novembre, décembre et janvier, la plus fréquente a été sans contredit la fièvre putride qu'on nomme maligne. Sur une totalité d'environ 200 malades qui se trouvoient journellement à notre ambulance, j'ai presque toujours soigné trente à quarante fièvres putrides pendant tout le temps de mon service à l'ambulance de Louvain.. Cette maladie est si souvent mortelle dans nos hôpitaux, et présente quelquefois des symptômes si variés par la différence des organes sur lesquels elle exerce sa redoutable puissance, qu'on ne sauroit trop en faire connoître les différens caractères. Comme j'en ai été moi–même attaqué, et que j'ai failli en être la victime, je vais décrire ce qu'elle m'a fait souffrir; et pour le temps que mes facultés in‑tellectuelles presque anéanties m'ont ôté l'usage de ma mémoire, j'y sup‑pléerai par le récit des personnes qui m'entouroient, et me prodiguoient les soins les plus affectueux et les plus obligeans. (1)

Obs. XVIII.

Vers les derniers jours de janvier, après un temps très–pluvieux et froid, je ressentis un mal–aise accompagné de gêne à la respiration et de mal de tête.

____

(1) Je dois beaucoup véritablement aux soins des Docteurs Van der Belen père et Schelekens de Louvain, à ceux de mes collaborateurs les docteurs Gerard, Ferari, Briavoine et d'autres, dont les noms ont échappé à ma mémoire, sans l'être à ma reconnoissance.

Comme j'ai été toute ma vie sujet à la migraine, je crus que c'étoit cette maladie qui me tourmentoit. Je n'avois jamais mené une vie plus sobre et plus régulière ; je me félicitois tous les jours de ma bonne santé, et je ne peux me reprocher aucune faute de régime, excepté peut-être des veilles un peu trop longues et un travail trop long-temps continué. Comme je n'avois aucune société à Louvain, et que le mauvais temps ne permettoit jamais la promenade, je me trouvois obligé de m'occuper sans cesse, et je m'y livrois avec d'autant plus de plaisir que ma santé me paroissoit meilleure que jamais.

J'étois depuis quatre ou cinq jours dans ce mal-aise, lorsque j'appris une nouvelle qui m'affecta considérablement. Je ressentis alors une violente secousse dans le genre nerveux, des horripilations ; mon oppression augmenta, la fièvre s'alluma et mon mal de tête s'accrût. Je sentis l'impossibi-

lité de faire ma visite du soir que j'é-
tois sur le point de commencer, et
j'envoyai prier mon confrère M. Schel-
lekens, médecin de la faculté de Louvain devenir me suppléer. Il avoit été
précédemment chargé par notre général de soigner les malades que les
troupes autrichiennes avoient abandonnés sur un fumier, sans aucuns secours et dans le dénuement le plus absolu. Ses soins généreux ont sauvé la
vie à plusieurs de ces malheureux. Il
a fait mon service avec succès, et je
lui ai l'obligation, pendant ma maladie, de m'avoir conduit avec beaucoup
d'affection, conjointement avec le docteur Van der Belen, professeur pri-
maire de l'université de Louvain, médecin d'un grand mérite. C'est à la
réunion de leurs lumières, et j'ose dire
à l'amitié et aux soins qu'ils ont eus
pour moi, que je dois sans doute ma
guérison.

Mon mal de tête ne fit que s'accroî-

D 3

tre dans la soirée, et à minuit il étoit
si violent que je pouvois à peine le
supporter : il diminua toujours jusqu'au
lever du soleil, et quand cet astre parut, il se dissipa tout-à-fait. Quoique
durant mes visites je me trouvois long-
temps exposé aux miasmes des fièvres
putrides, je n'avois pris aucune précaution pour m'en préserver, et j'avois
si peu d'inquiétude à ce sujet, que
les premiers symptômes qui j'éprouvois, ne m'éclairèrent pas sur le caractère de ma maladie. Je pris un émétique qui me parut indiqué par le violent mal de tête et par le dégoût des
alimens ; il évacua peu de bile et ne
me procura aucune selle : vers le cou-
cher du soleil, mon mal de tête recom-
mença, augmenta comme la veille jusqu'à minuit, et disparut aussi-tôt qu'il
fut jour ; je pris un purgatif qui me fit
faire quelques garde – robes, mais en
petite quantité. Mon état fut le même
encore les deux jours suivans : mon

mal de tête paroissoit toujours s'ac-
croître et garder le même type dont
j'ai déjà parlé : on m'appliqua des sang-
sues aux tempes infructueusement ; la
troisième nuit il fut si violent, que je
craignis ne pouvoir y résister, et vers
minuit, en calculant mes forces, j'esti-
mois qu'il me seroit impossible de supporter cet accès, et je croyois être très-
proche de ma fin, lorsqu'il me vint
dans l'idée de prendre un peu de vin
pour me ranimer et me mettre à même
de supporter cette cruelle douleur ; ma
garde m'en ayant donné un travers de
doigt, à peine fut-il parvenu dans mon
estomac, qu'à l'instant la douleur se
calma, et devint tellement supportable,
que je doutois si j'avois encore mal. Je
fus tranquille quelques instans ; mais
bientôt mon mal de tête se fit sentir de
nouveau et revenoit à grands pas ; j'ima-
ginois devoir attribuer ce retour à l'in-
suffisante quantité de vin que j'avois
prise, j'en bus une seconde fois et avec le

même succès; je continuai ainsi jusqu'au jour à chasser mon mal par de petites doses de vin, et je remarquai avec étonnement l'heureux effet de ce cordial, dont je ne me rappelois pas d'avoir lu nulle part, qu'il fut doué d'une semblable propriété.

Ma fièvre continua sans que je fusse tourmenté par la soif ; j'avois la peau très-sèche, les urines rouges, beaucoup d'abattement ; je tombai dans l'assoupissement qui dura une vingtaine de jours ; pendant ce temps je n'entendois rien de ce que l'on disoit à l'entour de moi ; seulement on m'a dit que quand on me parloit, la première phrase de ma réponse n'annonçoit point le délire; mais qu'en continuant à me parler, je ne répondois plus que des choses incompréhensibles. Pendant tout cet intervalle la nature opéra beaucoup d'évacuations de matière critique, et j'éprouvois, vers le vingt-quatrième jour, un tremblement qu'on pouvoit regarder comme

convulsif. Mes évacuations et mes urines d'une nature critique, continuant
toujours, je repris la connoissance parfaite vers le 20 février. Dans les derniers jours de mon assoupissement les
rêves que je faisois n'étoient point fâ-
cheux ; je rêvois que je voyageois à travers les neiges du Groënland, dans un
traineau attelé de quatre rennes qui
m'enlevoient comme le vent ; je croyois
sentir l'air froid sur mon visage, et
c'étoit pour moi une sensation déli-
cieuse ; j'étois accompagné d'un domestique et d'un superbe chien danois ;
nous rencontrions presque à chaque
pas des ours blancs monstrueux : mon
domestique qui étoit fort craintif, m'a-
vertissoit tout en tremblant qu'un de
ces ours approchoit ; alors sans craindre je prenois ma carabine, que je te-
nois constamment à côté de moi, et
je visois si bien que j'atteignois presque toujours mortellement l'ours ; quand
il n'étoit pas tué roide, mon chien

se battoit avec lui et l'achevoit ; nous le dépouillions pour emporter sa peau, et à peine avions-nous fait cent pas , qu'un autre ours se présentoit encore, et qu'il essuyoit le même sort. Je me rappelle que ce rêve me faisoit tant de plaisir , quoique je sentisse le froid de ces durs climats, que je ne voulois pas répondre quand on cherchoit à m'éveiller , de crainte de m'en distraire , et cependant j'avois le sentiment que ce n'étoit qu'un rêve.

Quand je commençai à recouvrer la connoissance , j'éprouvois seulement des douleurs des vésicatoires qu'on m'avoit appliqués à la nuque et aux jambes ; mais quand ils ont commencé à sécher , les pansemens étoient excessivement douloureux, sans doute à cause des petits bourgeons de chair d'une sensibilité extrême , dont les plaies étoient parsemées. Ces douleurs ne sont pas les seules que j'aie éprouvées dans ma convalescence ; je n'ai point vu de malades dont le retour à la santé ait été autant traversé ; j'avois maigri de plus d'un tiers, et comme plus de trente jours s'étoient passés sans que je prisse de nourriture, j'avois besoin de réparer ; mais, soit que mon estomac affoibli n'eut pas la force de digérer les alimens, soit plutôt que l'écoulement des sucs gastriques n'eut pas encore lieu, ou peut-être même que la nourriture dont je faisois usage ne fut pas fort convenable à mon état, je vomissois sans grand effort et sans mal-aise, une espèce de chyle aigre et quelquefois fort âcre, quoiqu'il y eût souvent peu de temps que j'avois mangé ; et pendant les neuf premiers jours je vomissois autant de fois que je prenois des alimens. Le vin qu'on m'avois conseillé comme stomachique, me parut alors être la vraie cause qui faisoit aigrir ainsi tout ce que je mangeois ; je m'en abstins : j'observai une diète sévère pendant vingt-quatre heures, et me sentant très-affoibli, je consentis de prendre un peu de bouillie; elle me réussit parfaitement, je ne la rejettai point ; depuis ce moment, n'ayant pris que de semblables alimens doux, comme panades , petites soupes aux herbes, œufs frais, mon estomac fit bien ses fonctions; et ce ne fut qu'après avoir senti le désir de boire du vin que je me hasardai d'en avaler quelques gouttes , et je m'en trouvai bien alors.

Tous mes organes ne se ranimèrent point en même temps ; leurs fonctions ne se rétablirent que successivement , et même il y en eut quelques-unes qui furent fort longues à reparoître. Des cinq sens, l'odorat est le seul que j'aie conservé dans l'état naturel. Il me sembloit même qu'il étoit devenu plus délicat. Les moindres mauvaises odeurs m'affectoient désagréablement, même celles auxquelles je ne faisois pas attention, lorsque je jouissois de la santé. L'odeur du tabac que j'ai toujours assez aimée , m'étoit insupportable.

Le tact étoit fort imparfait ; je ne pouvois faire obéir mes doigts , et quand j'étois parvenu à saisir un objet, ils ne me rendoient qu'une sensation très-confuse. Ma vue étoit extrêmement foible et vacillante , et pour peu que je voulusse fixer un objet, ma tête se troubloit, et j'avois des espèces de vertiges. L'ouïe ne valoit pas mieux ; je croyois toujours entendre du bruit, sur-tout le son d'une cloche qui m'a donné plus d'une impatience. Toutes ces choses étoient fort désagréables pour moi qui ai été doué par la nature d'excellens organes, et si je n'avois pas été persuadé du peu de durée de ces accidens, ils m'auroient fait beaucoup de chagrin ; mais de toutes les peines que j'ai endurées, la plus grande, sans contredit, a été le manque absolu de salive. Je ne peux comparer ce tourment à aucun autre, et celui qui ne l'a pas éprouvé, ne sauroit s'en former une idée. J'étois obligé d'avoir continuellement de l'eau dans la bouche, et quand je voulois m'endormir, l'air s'introduisoit dans le fond de la bouche d'une manière si singulière que je croyois qu'il sortoit des glandes placées vers la base de la langue. Cet air entr'ouvroit la bouche ; et quand je m'éveillois, elle étoit d'une sécheresse extrêmement désagréable. Ni les glandes sublinguales, ni les parotides ne faisoient aucune fonction, ce qui m'inquiétoit, et ce ne fut qu'après une quinzaine de jours de convalescence, et après avoir été ballotté plusieurs jours dans ma voiture, que les premières commencèrent à verser un peu de salive épaisse ; mais les parotides tardèrent encore plus long-temps.

Je n'ai point eu de sueurs dans ma maladie. Lorsque ma peau s'est humectée, ce n'étoit que par de fortes transpirations ; mais dans toute ma convalescence j'ai eu constamment la peau sèche et écailleuse. A peine mes vésicatoires se sont-ils taris, qu'il m'est survenu par tout le corps, et particulièrement aux jambes, sur le ventre et sur les mains une quantité énorme de petits boutons extrêmement pruriteux ; j'étois forcé de les gratter jusqu'au sang, et ils ne me laissoient que très-peu de tranquillité. J'aurois bien voulu me purger alors ; mais les vomissemens continuels que j'éprouvois, me faisoient craindre de rejetter ma médecine et, de n'en avoir eu le déboire qu'en pure perte. Je me lavois deux ou trois fois avec de l'eau tiède, et ces démangeaisons diminuèrent avec les boutons. Mes jambes et surtout mes pieds s'étoient couverts d'une croûte si épaisse d'épiderme qu'à chaque bain de pieds que je prenois, j'en enlevois une quantité très-considérable, et le tact que j'avois presque perdu dans ces parties revint bientôt après.

Toutes mes articulations paroissoient disloquées et celles des extrémités in-

férieures furent long-temps sans pouvoir me porter. Elles fléchissoient à
chaque pas. J'attribue la cause de cette
foiblesse et de ce relâchement à la
perte de la graisse qui tapisse en partie
leurs cavités, et au long repos que ma
maladie a fait éprouver aux ligamens ;
tant il est vrai que la force des muscles
vient de l'exercice. Je sens (1) même
actuellement que je n'ai pas encore
récupéré mes premières forces, et mes
genoux fléchissent encore quelquefois.
La nourriture des parties a été probablement interrompue pendant ma
maladie, et ce qui me l'a fait croire,
c'est que j'ai observé une dépression à
la racine de tous mes ongles, qui m'a
paru provenir de l'interception du suc
nourricier, et cette dépression s'est
avancée successivement vers l'extré-
mité de l'ongle à fur et à mesure que
l'ongle a crû dans la suite ; et ce n'est

---

(1) Trois mois après.

qu'à la fin du cinquième mois de ma convalescence que j'ai pu l'abattre en me rognant les ongles. Félix Plater a fait la même remarque sur lui-même, dans une maladie qu'il éprouva, et qui a du rapport à celle dont je viens de faire l'histoire ; il dit : *«corpusque admodùm consumebatur adeò ut etiam unguium radicibus exsiccatis, vestigia impressa , in unguibus posteà crescentibus apparerent »* (Lib. ij. in Feb. observ.)

A peine pouvois-je me soutenir que notre armée se retirant du Brabant, me força de me jeter dans ma voiture pour éviter de tomber entre les mains de nos ennemis. Je partis de Louvain, le 5 de mars : je souffris beaucoup avant que d'arriver à Bruxelles. Les secousses de la voiture me fatiguoient les viscères, et j'éprouvois un étourdissement continuel ; il me sembloit que mon cerveau ne remplissoit pas entièrement la capacité du crâne, et qu'il ballottoit

dedans. Enfin, ce ne fut qu'avec beaucoup de peine et de fatigue que je
regagnai mon pays.

F I N.